自衛隊幹部学校戦略教官が教える

〈米軍式〉最強の意思決定

中村好寿

はじめに

ポトマック川を挟んでワシントンDCの対岸にあるアーリントン国立墓地で、1997年5月20日、一人の退役空軍大佐の葬儀が海兵隊の手でおごそかに行われた。彼の名はジョン・R・ボイド。「孫子以来、軍隊とビジネス社会の意思決定法に最も影響を及ぼした軍事思想家」と評される男である。

星条旗に覆われた大佐の棺は、国立墓地内の小高い丘にある礼拝所で儀仗隊の栄誉礼を受けた後、軍楽隊の奏でる葬送曲の中、6頭の馬に引かれ、坂を下っていった。馬車は大佐が永遠の眠りにつく墓地の前で止まり、棺は待ち受けていた海兵隊員の手で、鷲・地球・錨をかたどった海兵隊記章と共に埋葬された。そして、最後の別れを告げる1個小銃分隊の弔銃《ちょうじゅう》音が曇天《どんてん》の空に響きわたった。

ボイドは戦闘機のパイロットとして24年間空軍に奉職した。朝鮮戦争当時、F-86のパイロットとして従軍し、撃墜王の名をはせた。その後、教官となったボイドは、パイロット仲間から「45秒の男」と呼ばれるようになる。模擬演習で、空軍のみならず、海軍や海兵隊の一流パイロットたちをいつも45秒で撃墜したからである。

ボイドの業績は、パイロットとしての技術面だけでなく、理論面でも、空軍の誰よりも素晴らしいものである。彼が大尉の頃に書いた『空中戦研究』は、米空軍の公式原則（ドクトリン）として採用されただけでなく、世界中の「戦闘機乗り」のバイブルとなった。また彼は、自ら開発したE-M（エネルギー・機動）理論をもとにF-15とF-16を設計し、「F-15とF-16の父」と呼ばれている。

ボイドは1975年に空軍を退役したが、その後の彼の功績は、現役時代に勝るとも劣らない。1987年に彼が説いた「OODA（Observe, Orient, Decide, Act）ループ意思決定論」は、情報革命の洗礼を受けた軍隊の意思決定法に大きな影響を及ぼした。特に、海兵隊は米軍四軍の先頭をきって「OODAループ意思決定論」の導入と普及に熱心であった。彼が海兵隊記章とともに埋葬されたことが、このことを雄弁に語っている。それは海兵隊における最高の名誉であり、海兵隊員の葬儀でさえ、ごくまれにしか見られない光景である。

海兵隊に続き、陸軍がそして空軍が彼の理論をドクトリン化した。その結果が２００３年の「イラクの自由」作戦である。つまり、「ＯＯＤＡループ意思決定論」は軍事革命（ＲＭＡ：the Revolution in Military Affairs）における意思決定法の基礎となったのである。

それだけではない。スピードと柔軟性を重視した「ＯＯＤＡループ意思決定論」は、多くの企業のビジネス・モデルに応用され始めた。１９８８年、ハーバード・ビジネス・レヴューはいち早くこの理論を紹介し、それをもとに「企業における競争力の源泉」について分析した。工業化時代には、クラウゼヴィッツの『戦争論』が軍事とビジネスを結び付けるため重宝がられたが、情報化時代の今、ボイド大佐の『ＯＯＤＡループ意思決定論』がそれに代わって脚光を浴びている。

本書は二つの目的を持って書かれた。その第一は、「ＯＯＤＡループ意思決定論」を分かりやすく説明することによって、情報革命の洗礼を受けて激変した米軍の意思決定法を紹介することである。このため、従来の軍事意思決定法と情報化時代のそれとの差異をできるだけ鮮明にすることに努めた。

第二の目的は、ビジネスマンが軍事意思決定法からできるだけ多くのヒントを得ることである。これまでにも、ビジネス上の教訓を「軍隊の運用に関する原則」から見出す手法について数多く紹介されてきた。『孫子の兵法』やクラウゼヴィッツの『戦争論』を説くビジネス書がそれである。しかし、本書は「ビジネス上の意思決定法を改善したい」と考える人たちに役立つことを狙った軍事論であって、リーダーシップ論や根性論ではない。

軍事意思決定法がビジネスマンの能力向上に役立つと考える理由は４つある。第一の理由は、情報化社会における企業と軍隊は共通目的、すなわち「社会の繁栄と福祉に寄与すること」を掲げていることである。伝統的な企業観や軍隊観を保持している人には異論があろう。そこで、情報化社会における軍隊観から本書は掘り起こしている。

第二は、情報化社会のビジネス環境と軍事環境が重要な点で似ていることである。多くの経営専門家やビジネス書は「企業中心の経営から顧客中心の経営に転換すべきだ」と説いている。そして、その顧客のニーズは曖昧で、予測し難く、しかも変化しやすい点を指摘する。

一方、軍隊は「わが部隊の能力や地形ではなく、敵部隊や武装勢力（敵対勢力という）に焦点を当てるべきである」と考え始めた。そして、その敵情は、ＩＴ兵器の急速な進歩にもかかわらず、不確定事項で一杯である。敵対勢力を、ビジネスの競合他社ではなく、顧客に置き換えて考えれば、両者は多くの類似点を持っている。

第三は、情報化社会のビジネス意思決定法と軍事意思決定法は共に、直線・一方向型からループ型に移行しつつあると見るからである。著者のこの認識は、セブン＆アイ・ホールディングスの元ＣＥＯ鈴木敏文氏の主張する「仮説・検証型の経営モデル」にもとづいている。米海兵隊と陸海空軍は、すでに「ループ型軍事意思決定法」をドクトリン化して、「イラクの自由」作戦を遂行している。

第四の理由は、情報化社会の経営戦略も軍隊運用戦略も共に、「時間次元の優位」を追求していると考えられることである。80年代末、多くの米国企業はボイド大佐の「ＯＯＤＡループ意思決定論」を足掛かりにして、タイム・ベース競争力の威力を日本から学んだ。そして、トヨタやソニーから時間短縮のノウハウを学び取ろうと必死になった。その結果、90年代前半には、米国企業は日本企業に対して「実行」段階での「時間次元の競争力」を回復した。

90年代の中頃からは、米国企業は日本企業の弱点といわれる「企画」段階での時間短縮に関心を抱き始めている。彼らは、この分野で米軍が日本企業よりも一歩も二歩も先行していることを知り、米軍の意思決定法から学び取ろうと躍起になっている。

本書は、前述の二つの目的を達成するため、３部13章からなっている。第一部は、本書を理解する上で前提となる事項を述べた導入部である。本論に入る前に、情報化社会の軍隊観、軍事意思決定組織の特色、さらには軍事意思決定法の種類について、その概略を押さえておく必要があると考えるからだ。

第二部は、ボイド大佐の意思決定論を解説するとともに、そのビジネスへの応用を試みた。情報化時代に向けて米軍が採用した「ループ型意思決定法」や、ビジネスにおける「仮説・検証型の意思決定法」の底流には、ボイドの意思決定論が脈打っている。第二部では、速いループ型意思決定がビジネスにおける「奇襲」を可能にし、それによって顧客ニーズを「創造」することができることを主唱している。

第三部では、軍事意思決定法を、作戦開始前と作戦開始後に分けて、その具体的手順を解説した。従来、ただ一つの意思決定法に習熟し、それをあらゆる状況で活用することが推奨されてきた。しかし本書の基本的立場は、複数の意思決定法を開発し、状況に応じてそれらを使い分けるべきだというものである。

本書の執筆にあたり、筆者の主催する「戦略研究ネット・フォーラム（SSNF）」のメンバーから多くのコメントをいただいた。特に、掛川寿一一等陸佐、影浦誠樹二等空佐、それに新本当史三等陸佐は、草稿段階から何十回も激励と助言のメールを寄せてくれた。心からお礼を申し上げたい。

目次

第一部　軍隊の意思決定とは何か

1章　軍隊とは何か

【1章のポイント】

「わが社の目的は、商品やサービスを提供して社会の繁栄と福祉に寄与することだ」と考える企業が最近増えている。これまでは、多くの企業が社会的貢献を無視し、利益のみを追求してきた。そのような企業は、従業員を惹きつける魅力を失い、優秀な人材を集めることができず、企業自体の勢いや輝きがなくなって失速してしまうようだ。

一方、軍隊観にも変革の嵐が押し寄せている。伝統的な考えは、「戦場における勝利」が軍隊の目的であり、「敵部隊の撃破」がその唯一の目標であるというものだ。しかし、冷戦終了後、多くの軍事専門家がもっと積極的役割を軍隊に付与するよう主張し始めた。いまや軍隊の目的は企業と同様、社会の繁栄と福祉に寄与することであり、その目標は「侵略阻止」と「安定化」である。

軍隊の運用に関する意思決定法は、それがよって立つ軍隊観によって大きく左右される。そこでまず、軍隊が追求する目標に関する伝統的な考えと、情報化社会の考えの相違を明らかにすることから始めたい。

1　伝統的軍隊観——軍隊は戦闘集団である

戦闘集団の知識・技能

「戦場における勝利」が軍隊の目的であり、「敵部隊の撃破」が唯一の目標であるという考えは、米国の政治学者サミュエル・ハンチントンの現代軍隊論の影響によるところが大きい。ハンチントンの著『軍人と国家』は現代軍隊を体系的に捉えた大著である。

彼はその著の中で、軍隊が保有する独特の知識・技能に焦点を当て、現代軍隊の存在意義を明らかにしようとした。彼の説明によると、部隊や艦隊を指揮して敵を撃破する知識・技能こそ、軍隊が保持する独特かつ唯一のものであり、その使用目的は「戦場における勝利」である。彼は、「戦場における勝利」を得るために軍隊を運用することを「暴力の管理(the Management of Violence)」と表現した。

「暴力の管理」の特質として、ハンチントンは次の三つを挙げている。第一に、「暴力の管理」、すなわち「敵部隊の撃破」に関する知識・技能は国家にとって死活的に重要なものである。第二に、この知識・技能は長期にわたる特殊な教育・訓練によって初めて習得される。第三に、この知識・技能を追求すると、軍人特有の精神構造が醸成される。

「暴力の管理」の死活的重要性

第一に、「敵部隊の撃破」に関する知識・技能の死活的重要性について見てみよう。ハンチントンは、「軍人が社会的・政治的問題について最低限の知識さえも持ち合わせていなかったからといって、国家が亡びてしまうとは思えないが、軍人が戦闘に必要な基本的知識・技能を保持していないなら、国家は亡びてしまうかもしれない」と書いた。ハンチントン学派の一人、マッカーサー元帥が、1964年にウエスト・ポイント米陸軍士官学校で行った次のような演説は、この見解を雄弁に述べている。

諸君の使命だけは、不変にして、犯すべからざるものである。それは戦いに勝つことなのだ。プロフェッショナルな軍人としての諸君のこれからの経歴において、その他のことはこの使命に比べれば、すべて付けたしである。――諸君は、戦うために訓練された人たちである。つまり、戦う意志を持ち、戦争では勝利に代わるものは何もなく、諸君が負ければ国家が亡びる、ということをはっきりわきまえた人たちである。

戦闘集団の教育・訓練

第二に、ハンチントンは軍人の知識・技能を、医者や弁護士が保有する専門的知識・技能に匹敵すると考えた。なぜなら、「暴力の管理」のための知識・技能は、長期にわたる特殊な教育・訓練によって初めて習得されるからである。軍人には、戦史・戦略・戦術に関する諸研究から見出される理論と、その理論を戦場で応用する技能の両方が必要とされる、と彼は説いた。ハンチントンから見れば、現代軍隊はまぎれもない専門職（プロフェッション）であったのである。

したがって、彼は、軍隊の歴史を考察する際、戦闘のための部隊運用に関する知識・技能が軍人の中心的関心事になった時点をもって、真の現代軍隊、すなわち専門職としての軍隊が誕生したと書いた。彼は、欧州の陸軍において、砲兵や工兵が追求した理工科系技術を「専門職化の尺度」とは見なさなかった。いわんや、米国の南北戦争以前のように、「土木技術・船舶設計・測量技術といった科学技術を習得している将校が優秀な軍人である」と見なされていた軍隊は、専門職とはいえず、したがって現代軍隊ではなかった。

ハンチントンの見解に影響を受けた多くの学者や軍人たちは、戦場における勝利と直接関係のある問題にのみ、軍人の関心を集中すべきであると信じるようになった。軍人は軍隊を取り巻いている政治的・社会的環境について関心を抱いたり、その関心を満足させる活動に巻き込まれたりしてはならない。つまり、戦場における勝利を得るための知識・技能以外の知的活動領域は、軍人にとって個人的趣味や道楽の領域であって、軍隊の教育・訓練・経歴管理・昇任等の尺度とは無関係であるべきだ、と彼らは主張した。

とはいえ、ハンチントンとその弟子たちは「自然科学・歴史・心理学・哲学といった一般文化についての広範な素養を、軍人が必要としない」と主張しているわけではなかった。ますます複雑・多様化する世界において、これらの一般文化は、軍事的知識・技能と密接な結び付きを持っている。したがって、軍人の主要な関心事は、純軍事的領域（戦闘）であっても、その視野はそこだけにとどまってはならない。軍人の視野が純軍事的な領域にのみ限定されるなら、戦闘における勝利はおぼつかないものになる。洞察力・想像力・判断力といった能力、すなわち戦闘を勝利に導くのに必要な潜在能力は、一般文化の研鑽を通じて開発されるからである。

それに、急速に進歩する兵器体系、兵站支援体系、指揮・通信・情報体系等の（ハード・ウェアを駆使する知識・技能を習得するためには、軍人は理工科系科学に関する最新の知識に通じていなければならない。さらには、指揮官が部隊を彼の意図通りに動かすには、人間の態度・動機・行動についての深い理解をも必要とする。

軍人特有の精神構造

「暴力の管理」に関する第三の特質である「軍人特有の精神構造」について、ハンチントンは次のように説いている。

「暴力の管理」に関する長い教育と訓練、それに昇任制度によって、軍人独特の価値観・倫理観・世界観、すなわち「軍人精神で（ミリタリー・マインド）」を持つようになる。それは、医者が「ドクター・マインド」を、弁護士が「リーガル・マインド」を持つのと同じである。そして、「暴力の管理」に卓越した軍人は、それだけ純粋な形で「ミリタリー・マインド」を保持することになる、と。

代表的な「ミリタリー・マインド」として、ハンチントンは次の6つを挙げている。①国家の主権を保持することが最も重要な原則だ、と考える強烈なナショナリズム、②戦争の原因を、人間の弱さ・非合理性・邪悪さという人間の本性に求め、戦争を不可避なものと見る悲観主義、③軍人は「脅威を誇張しすぎた」という誤りを犯してもよいが、「脅威を過小評価してしまった」という誤りを犯してはならない、という警戒主義、④権威を軽視し、個人的利益や批判的精神を重視する組織は分裂して何もできない、と考える権威主義、⑤革新的な考え・見方・行動を排し、秩序と伝統的観念を重視する保守主義、⑥意思決定にあたり、目標を達成するために最も効率的・効果的な手段を採用し、妥協や取引を排する合理主義である。

たしかに、民主社会の国民が抱く価値観や世界観と「ミリタリー・マインド」の間には、相当の開きがある。国民は、その多くが国際主義、性善説、平和主義、批判精神、改革主義、妥協や取引による解決を好むからだ。

戦闘機能中核論の台頭

「百事、皆戦闘をもって基準とすべし」という軍隊論が持つ最大の問題点は、軍隊と一般社会の関係がギクシャクしやすいことにある。国民が戦闘集団に対して、非戦闘活動（例えば災害救助活動やＰＫＯ等）に取り組むよう命じたら、戦闘集団は極度のフラストレーションを抱くことになるだろう。戦闘集団は、要請された非戦闘活動を遂行するのに必要な知識・技能を持ち合わせていないからである。それに、非戦闘活動に従事すれば、「暴力の管理」能力を磨く人・金・物・時間が取られてしまう。勇猛果敢さや質実剛健といった尚《しょう》武《ぶ》の精神も希薄になるかもしれない。

不安定な軍民関係は、軍隊と国民の間にある価値観・倫理観・世界観の相違からも生じる。ミリタリー・マインドの存在についてはすでに述べた。それに加えて、戦闘集団が災害救助活動やＰＫＯに従事すると、国民は軍隊の非戦闘活動に目を奪われ、「戦争になったらどうするか」については無関心になるであろう。「軍人どもは、起こりそうもない戦争ゴッコに熱中して、まったく税金のむだ遣いだ」と非難するようになるかもしれない。軍人側は「国民は一体、何を考えているのだ」と疑うようになる。

要するに、軍隊内のフラストレーション、それに軍隊に対する国民の不信や軽蔑によって、軍隊と国民の関係は調和を欠くことになる。その結果、任務遂行に必要な優秀な人材を軍隊に惹きつけることが不可能になり、軍隊は衰弱してしまう。

いかなる組織体も環境適応能力を必要とする。軍隊が、一般社会から孤立し、環境適応能力の保持を無視するなら、軍隊という組織体は衰弱する。社会学でいう環境適応理論である。したがって、軍隊は、一般社会との接点を求めるとともに、自らの環境適応能力を高めるため、非戦闘活動にも従事しなければならない。

そこで、軍隊は戦闘活動と非戦闘活動を請け負うが、あくまでも戦闘活動がコア（中核）であり、非戦闘活動はコアの周辺でのみ行うべきだ、という考えが出てくる。「戦場における勝利」が軍隊の中心的役割ではあるが、社会との適度の調和を図るため、時間と余力のある限り、災害救助活動やＰＫＯといった非戦闘活動も遂行するというものである。

戦闘集団・武装集団としての軍隊ではあまりにも国民との摩擦が大きいため、非戦闘機能が戦闘機能を包み、それを社会とのクッションにしたいという考えだ。これこそ、わが自衛隊が採用した「戦闘機能中核論」である。平和維持活動や災害救助活動を、いわゆる自衛隊の「余技《よぎ》」として、国土防衛任務と明白に区別せよという主張である。

冷戦時代の自衛隊にとって、国土防衛が目標であり、非戦闘活動自体が目標になることは決してなかった。つまり、自衛隊の災害救助やスポーツ支援活動は「防衛基盤の育成」上重要である、と国民に説明してきたのである。戦争がもし起こったときに、自衛隊は国民の全面的支援を得る必要がある。このためには、平時から自衛隊と国民は親密な関係になければならない。「国民と自衛隊の間に隔絶があったのでは、国土戦を戦えない」という考えから、自衛隊は非戦闘活動を遂行してきた。

また、自衛官の募集活動や演習・訓練を円滑に行うために、自衛隊は国民にとって「身近」な存在でなければならない。自衛隊に対して、「殺傷集団（キリング・ビジネス）」というイメージを国民が抱いたなら、優秀な戦闘員を確保できないばかりか、演習反対や訓練反対の旗が自衛隊を取り囲むであろう。

2　新しい軍隊観——軍隊は多機能集団である

国民は軍隊の雇用主であり、顧客である

組織体は社会に巧く適応してこそ有効に機能する。一般社会から孤立した企業は決して生き残れない。それは確かだ。しかし、企業は衰退しても、国家は消滅しない。他方、軍隊の衰退は国家の一大事である。そこで、戦闘集団学派は、国防のため、一般社会の側が歩み寄り、もっと保守的な価値観・世界観を持つよう主張する。

これに対して、軍隊側が自らの目的や目標を変えて、民主社会に積極的に溶け込むよう主張する人々もいる。50年前、米国の社会学者モリッツ・ジャノビッツは、その著『プロフェッショナル・ソルジャー』の中で「コンスタブラリー・フォース論」を展開し、戦闘集団論に挑戦した。彼は主唱する、「軍隊と一般社会の安定した関係を築くため、国家・国民こそが軍隊の雇用主であり、しかも顧客（クライアント）であることを、軍隊は認識しなければならない」と。

国家・国民を軍隊の「雇用主」兼「顧客」と捉えるジャノビッツとその弟子たちは、現代軍隊の存在意義を問い直すともに、軍人の政治的見識の必要性を説いた。

存在意義に関しては、第一に、軍隊は、国家・国民が「独占的」に使用できる手段であることを指摘した。つまり、特定の団体や個人が自らの利益のため勝手に使用できる組織ではない。

第二に、軍隊は自分の役割を自ら一方的に決めることはできないと考えた。決める権限を持つのは、国家・国民である。軍隊は、国家・国民が要請する役割を、それが「いかなる役割」であろうとも、遂行しなければならない。「戦場における勝利のみが軍隊の使命である」と軍隊は自ら宣言できないのだ。仮に自ら宣言できるとしても、この使命ではあまりにも狭すぎる。したがって、軍隊の使命は「安全で、活力ある国際・国内社会の構築」と広く捉えるべきであると主張した。

軍隊の役割・機能を決定するのは国家・国民であるから、その時代の国家・国民のニーズによって、それは規定される。戦争が生起すれば、国民は軍隊に対して「戦場における勝利」を最優先するよう命じるであろう。戦争生起の可能性が高い状況においては、軍隊の役割は効果的な抑止力の構築になるであろう。そして、平和時においては、非戦闘活動が期待されるに違いない。

「敵部隊の撃破」は、もちろん、軍隊の重要な目標であり、したがって、「暴力の管理」のための知識・技能は、軍隊が保有する独特で、必要不可欠なものである。しかし、軍隊は、戦時・戦場においてのみ有用な組織であってはならない。国家・国民が平和時においても軍隊に任務を付与するなら、軍隊はその任務を完遂しなければならない。それが戦闘と無関係であろうとも、軍隊の重要な任務であることに変わりはない。したがって、軍隊は非戦闘任務を完遂するための知識・技能を開発し、保持しなければならない、というのである。

軍事史をひも解いてみればすぐ分かることであるが、たしかに、軍隊の主要な役割は時代時代によって変化しており、戦闘、すなわち敵を殺傷・破壊する役割だけではなかった。治安維持、国土建設が軍隊の最も重要な任務であった時代もあった。第二次世界大戦後、軍隊は、抑止、軍備管理、海洋・宇宙開発、平和維持活動（ＰＫＯ）といった役割をはたすようになった。軍隊の役割は、「その時代の国家・国民が軍隊に何を期待するか」によってさまざまであったのだ。

軍人の責務条項

第三に、軍隊の存在意義として、ジャノビッツ派が説いたのは軍人の「無制限の責務」である。軍隊とは、国家の意思を実行に移すにあたって、いかなる犠牲もはらう覚悟を持って臨む組織である。イギリスの将軍で、著名な歴史家であるジョン・ハケットも言ったように、軍隊が持つ最大の特色は、軍人の「雇用契約」の中に「無制限の責務」条項があることだ。つまり、軍人が入隊にあたり、「ことに臨んでは、身の危険を省みず、任務の完遂に努める」と宣言することである。

生命の危険を伴う職業は軍隊以外にも多数あるが、それらの危険はあくまで不測の事故によるものであって、事前にそれを覚悟するものではない。軍隊は生命のリスクを承知の上で、国民全体の価値を守るために奉仕する組織なのである。

また、軍人以外にも生命のリスクを承知の上で国民に奉仕する人々は存在するであろう。しかし、彼らは、個人の資格でそうするのであって、軍人のように、その集団に所属することが自動的に「無制限の責務」を義務付けるわけではない。

軍隊のみが「無制限の責務」を誓った集団だから、国民は侵略から自国を守るための危険な戦闘任務を軍隊に付与しているのだ。その逆ではない。国民は戦闘機能を発揮させるために、軍人に「無制限の責務」を求めているのではないのである。

軍人の政治的見識

ジャノビッツ学派のもう一つの主張である軍人の政治的見識に関しては、どうであろうか。彼らは、ハンチントン学派とは異なり、「軍隊と一般社会の双方が価値観・態度・見方を共有する必要性」を説く。共有するためには、軍人が一般社会を理解する見識、すなわち政治的見識を開発・保有しなければならない。

もし、軍人が政治的見識を保持するなら、ハンチントンが指摘するようなミリタリー・マインドは存在しなくなるだろう。軍人の極端なナショナリズムには、歯止めがかかるに違いない。例えば、いかなる軍備管理・軍縮政策も国家の主権を弱めるものだと考えたり、国防努力を批判する人々を国賊と見なしたりする短絡的思考は回避できよう。

また、脅威を評価するにあたっても、「最悪の事態」のみを考えるのではなく、蓋然性を加味するようになる。全面核戦争に備えるよりか、限定的で局地的な侵略行為やテロ行為、さらには自然災害や環境破壊の脅威を重視するだろう。

政治的見識を有する軍人は、個人や団体の利益の追求が民主主義社会の原則であることを深く理解するに違いない。したがって、「妥協と取引が、対立する利益を解決する有効な手段である」ということを念頭に置くようになる。

加えて、複雑な問題を創造的に解決するため、あるいは流動する情勢に迅速かつ的確に適応するため、批判的精神や柔軟な思考は必要不可欠であることも悟るに違いない。かくして、軍隊と一般社会は、極めて調和のとれた関係、安定した関係を保持することになる。

軍隊の新しい存在意義を求めて

軍隊の役割は、安全保障上の脅威の変化によって、さらには情報化社会の到来によって大きく変化しつつある。「武力侵略の脅威に晒されている」と考えられていた冷戦時代には、ハンチントン流の「軍隊は生粋に戦闘する集団だ」と考える人々と、自衛隊流の「戦闘は軍隊の中核機能（コア・コンピーテンス）だ」と主唱する人々が綱引きをしていた。いずれにせよ、軍隊は戦闘集団であったのだ。

しかし、ポスト冷戦時代の10年間で、軍隊観は戦闘機能中核論と多機能集団論の綱引きに変わった。ハンチントン流の「純粋な戦闘集団論」の影は薄れてしまったのだ。

そして21世紀に入り、多機能集団論が日本を含め西欧諸国の軍隊観を支配しつつある。というのは、ポスト冷戦時代になって、「武力侵略阻止」とともに、「安定化」が軍隊の役割として脚光を浴びるようになったからだ。

「安定化」とは、活力ある国際・国内社会を構築するために秩序ある変化を促進することである。このための軍隊の役割は不安定化要因を除去ないしは封じ込めることだ。不安定化要因とは、将来、「深刻な事態」に肥大化するかもしれない問題の根源をいう。具体的軍事行動として、小規模な武力衝突への対処、テロ対処、ＰＫＯ、麻薬取り締まり、災害救助、人道・復興支援等が含まれる。米軍では、これら「安定化」を目指した軍事行動を「戦争以外の軍事行動（ＭＯＯＴＷ：Military Operations Other Than War）」と言っている。

多機能軍隊の意思決定法

冷戦時代には、戦争遂行のための作戦、すなわち「戦場における勝利」を追求する軍事行動を念頭に置いた部隊運用法が開発され、それに応じた意思決定法が採用されてきた。しかし冷戦の終了とともに、欧米の軍事専門家たちは「戦争以外の軍事行動」を含む多種多様な役割を遂行するための部隊運用法と意思決定法を模索し始めた。

その結果、戦争のための作戦ドクトリン（公式に採用された作戦原則）である「攻撃行動」「防御行動」を見直すとともに、「戦争以外の軍事行動」のための作戦ドクトリンである「安定・支援行動（ＳＡＳＯ：Stability ＆ Support Operations）」を開発した。21世紀型の軍隊への大変革が始まったのだ。いわゆる「軍事革命（ＲＭＡ）」の到来である（付図１　軍事行動の種類と目標）。

先鞭をつけたのは、多芸多才と自己革新を標榜する米海兵隊である。米海兵隊の戦略家たちは、「戦争以外の軍事行

軍事行動の種類と目標

	戦略環境		
	戦争	抗争・対立	平和時
軍事行動の種類	戦争行動	戦争以外の軍事行動（MOOTW）	
軍事行動の目標	侵略の阻止	安定化	
		抑止と処理	平和の促進
具体的軍事行動	大規模戦闘行動	・爆撃、砲撃 ・平和強制 ・対テロ行動 ・平和維持活動	・麻薬取締り ・災害救助 ・復興支援 ・自然環境保全

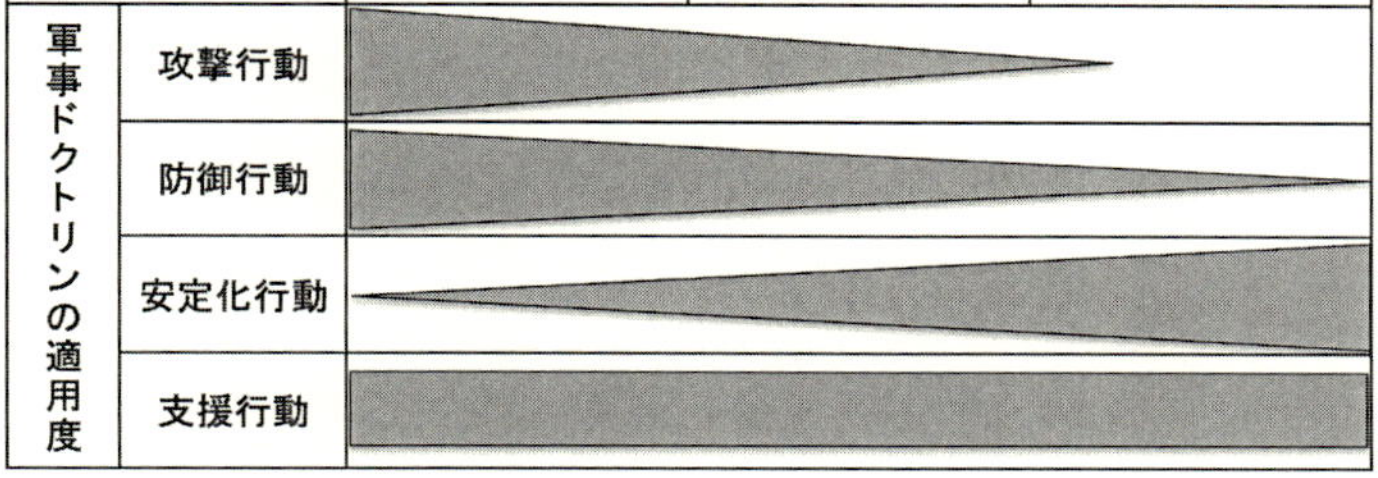

付図１　軍事行動の種類と目標（出所：U.S.Army Field Manual 3-0 Operation, 2001）

動」を遂行するには、戦闘を重視する伝統的軍隊では不適切であると考えた。また、戦争方式としても、戦闘を過度に重視する伝統的なドクトリンに疑問を抱いた。彼らは、21世紀型の戦争や抗争・対立の特色を「不確定な状況下における時間次元の戦い」であると見ていたからである。

ちょうどその頃、革新的な部隊運用（軍事戦略）理論兼意思決定理論がボイド米空軍大佐によって提案された。それが「機敏性」を最重視する「ＯＯＤＡループ意思決定論」である。この理論は、海兵隊の戦略家たちに衝撃的影響を及ぼし、新しい部隊運用法と意思決定法を生んだのである。

2章　指揮官と幕僚の技能

【2章のポイント】

「どのような上司に仕えたくないか」と若い幹部自衛官に聞くと、「自ら示したことの結果について責任を取らない上司」という答えが圧倒的に多い。次いで、「部下の人格を無視する上司」「優柔不断な上司」が続く。この三つの答えは、指揮の三大構成要素を忘れてしまった上司を指している。

会社を運営することを経営というように、目的を達成するために部隊を運用することが指揮である。指揮官は部隊を指揮するため、指揮権を行使し、リーダーシップを発揮し、そして意思決定を行う。これが指揮の三大構成要素である。

指揮権とは、階級や職に伴って将兵「個人」に与えられる法的な権限のことである。決して組織や集団が指揮権を行使することはない。指揮官が指揮権を部下に対して行使するとき、常に責任を伴う。目的を達成するという職責だけでなく、自己の行動の結果に対する責任がある。また、部隊を運用する責任のみならず、部下の健康・福祉・士気・規律の維持も指揮官の責任である。

リーダーシップとは、軍隊では、個人や部隊が上下一体となってその職務を積極的に遂行するとともに、その能力を最高度に発揮するよう、指揮官が感化を与えることをいう。企業のリーダーが社員のモチベーションを高めるために苦労するように、指揮官も、部隊や将兵の「やる気（士気という）」を高めることが極めて重要である。目的を達成する方法を命令という形で示し、その実行を将兵に強要しただけでは、最少の損害で目的を達成することはできない。最少の損害で目的を達成するためには、兵士個人および部隊が命令にすすんで従おうとする気持ちを抱く必要がある。このため、指揮官は卓越したリーダーシップを発揮しなくてはならない。

意思決定とは、目的を達成するため、諸要因を考慮して、決断すべきかどうかを含めて好ましい方法・手段・時期・場所等を決定することをいう。好ましい方策には、最良の方策もあれば、妥当な方策もある。

意思決定の良し悪しは、意思決定組織である指揮官と幕僚の能力・技能、使用する情報、意思決定の手法によって大きく左右される。本章ではまず、企業におけるリーダーと比較しながら、軍隊の意思決定組織である指揮官と幕僚の特性を明らかにする。次いで、指揮官や幕僚が使用する情報の特性と、情報使用にあたっての彼らのユニークな技能を紹介する。意思決定の手法については、章を改めて説明したい。

1　軍隊における意思決定組織

孤独な指揮官

軍事組織における指揮官は、企業における社長、事業本部長、工場長といった「会社のリーダー」にあたる。「会社のリーダー」と同様、指揮官は目的を達成するため、計画を策定し、それを実行しなければならない。しかし、指揮官には、会社のリーダーとは異なる側面もある。それは、会社のリーダーよりも「指揮官は孤独である」ということだ。なぜであろうか。

日本の多くの企業では、重要事項に関する意思決定を取締役会や常務会で行い、その決定は多数意見方式または全会一致方式が原則である。このような方式の意思決定会議では、参加者全員もしくは大多数が決定事項に対して責任を分かち合い、その決定を実行に移そうとする。しかし、「責任を分かち合う」ということは、すべての責任を負うリーダーの気概がそれだけ弱くなりやすいのではないか。

一方、軍隊では、指揮官が一人で決心し、一人で全責任をとらなければならない。このことが、指揮官に「責任の重さ」を自覚させる最大の要因である。部下将兵からアイディアをもらったかもしれないが、決断したのは指揮官である。「決定したのは自分だ」という意識が強いと、意思決定の正しさをその後の行動によって立証しようと全力を投入する。万一失敗したら、「失敗の責任を他人に転嫁することができない」と思うものだ。

指揮官が意思決定者として孤独であるもう一つの原因は、指揮官は決して多数意見に流されたり、妥協によって問題を解決したりしないことにある。指揮官の主催する作戦会議では、全会一致方式や多数意見方式をとったり、妥協によって意見の相違を埋めたりすることはない。それは不適切な問題解決法だ。

多数意見方式では、多数意見が正しいもののように錯覚されやすいだけでなく、創造性のあるものが生み出されにくい。一見実行の可能性の高い、無難なものでまとまってしまう傾向がある。

多数意見方式だと、参加者は意見の一致を探し求めるため、異論に対して焦点を当てなくなる。一人だけ違う意見を述べると、みんなに嫌がられ、迷惑がられる。「あいつは変わり者だ」とか、「あいつは和を乱す奴だ」と白眼視される。異論を唱える人がいないということは、多数案の問題点が真剣に論議されないということだ。問題点が浮き彫りにされないと、多数案に代わる案は出てこない。

作戦会議は、全会一致方式や多数意見方式ではない。指揮官は自分自身で集中して考え、勝利の確率が高いと思う方策を選択し、その方策の問題点を浮き彫りにしなければならない。そのために、指揮官は一見可能性の薄いように見える少数意見にスポットライトを当てる。むしろ、多数意見は「大衆愚案」といって、将校教育でも、実戦でも敬遠される。

将校教育では少数意見の重要性を叩き込まれるが、その事例として、朝鮮戦争におけるマッカーサー国連軍総司令官の決断がよく使用される。

1950年8月、北朝鮮軍の怒涛のような南侵によって、国連軍は釜山周辺に追い詰められていた。この難局を切り抜け、戦局を一転させるため、マッカーサー総司令官の主催する作戦会議が東京で開かれた。この席で、出席者全員が「提示された仁川上陸作戦は海潮と地形の両面から極めて危険である」と主張した。そして、彼らは、代替案として群山上陸を提示したのだ。しかし、マッカーサー総司令官は次のように説いて、仁川上陸作戦が最良の方策であると断定した。

共産軍の大部分は、釜山防衛線の周辺にクギづけになっている。このため、仁川には十分な防衛準備をしていない。諸君が実行不可能として挙げたいろいろな問題点は、裏をかえせば、それだけに奇襲の効果が上がるということだ。なぜなら、敵の司令官は、われわれがまさかこんな向こう見ずな作戦をやるとは、考えてもいないに違いないからだ。奇襲こそ、戦争で成功を収める最大の要素である。

仁川上陸作戦は見事に成功し、北朝鮮軍の敗走と国連軍の反撃につながった。このように、指揮官は無難な多数意見には疑いの目を怠らず、孤立しても決して「落とし所」を探そうとはしない。

強力な幕僚組織

軍隊の意思決定組織は、企業と異なる大きな特色をもう一つ有している。それは、企業のリーダーに比べてはるかに強力な幕僚組織を抱えていることだ。

軍隊の幕僚組織が強力であるという理由は、第一に、彼らの高い専門的知識・技能にある。幕僚は、指揮官と同様、その全経歴の3分の1近くを軍学校や民間の学校で学ぶ。そこで、戦略・戦術のみならず、軍事行動に関係ある科学技術・法律・歴史・心理等に関する知識を習得する。そして、その知識を軍事行動で使用する技能に変えるため、訓練と経験を積む。

第二の理由は、幕僚は必要な資質を陶冶《とうや》してきた人たちであることだ。幕僚の資質として特に強調されるのは、論理的思考力、簡潔明確な表現力、総合判断力、創造力である。いずれも、軍学校における教育や部隊での経験を通じて養成される。

幕僚は、論理の混乱や飛躍、さらには先入観を排するため、段階的に思考したり（例えば、目的↓目標↓手段↓要領と順を追って思考する）、グリッド思考方式（縦軸と横軸にそれぞれ思考要素を設定し、それぞれの枠組みの中で思考する方式）で考えたりする。

簡潔明確な表現法としては、だらだらと続く文章を嫌い、短文で要点を列挙する方式に習熟する。説明の仕方も、結論を先に述べ、その理由やレトリックを後で述べる。

軍隊における幕僚教育や訓練では、現状を的確に把握するとともに、将来を洞察して、各種事象を総合的に捉える能力が強調される。これらの能力を養成するため、幕僚教育では、想定教育や図上演習が頻繁に行われる。想定教育とは、いろいろな状況を想定して、良策を模索する教育である。図上演習では、教官と学生、または学生と学生が敵・味方に分かれてウォー・ゲームを行う。通常、図上演習は困苦欠乏の演習環境下で実施されるように仕組まれている。劣悪な環境下でも、正常な思考を維持できる能力を養成するためである。

さらに、いかなる難問に直面しても、これを解決するための適切な方策を案出する創造力と、これを実行に移す企画力の向上も教育・訓練の賜物だ。特に創造力を養成するため、将校の教育・訓練では、批判的な見方や少数意見が重視されるとともに、批判的な見解や問題点の指摘を問題解決に導くように工夫されている。例えば、過去の事例をもとに、少人数ごとの討議を重ね、問題解決の方策を競い合うのだ。

幕僚はこれらの知識・技能や資質を指揮官の補佐のために

のみ使用する。このことも、幕僚組織が強力である第三の理由だ。幕僚は部隊を指揮する権限を持たず、指揮官への文字通り滅私奉公に徹する。つまり、私心や我欲を捨て、指揮官の分身として補佐するのである。

自己の意見が採用されない場合においても、指揮官の決定に従い、虚心坦懐、指揮官の企図を達成するため全力を尽くして作戦計画の叩き台を準備し、正しく実行されるように努める。指揮官の決定事項に面従腹背し、業務を消極的に遂行したため作戦が失敗に終わった戦例を、幕僚は熟知している。このため、将校はその軍歴間、指揮官職と幕僚職を交互に経験する。そうすることによって、指揮官職にある人が抱く心情や「ものの見方・考え方」を理解するのである。

指揮官を補佐する幕僚の役割で、見落としてはならないのが、幕僚は常に指揮官の威徳の発揚に努めるということである。幕僚は、指揮官の人間性はもとより、その言動にいたるまで、その問題点や弱点を第三者に告げることは決してしない。指揮官は常に重責を担って部隊をリード（統率という）している。その統率は部下将兵の指揮官に対する信頼と尊敬を基盤とする。決して、指揮官が権限を振りかざして、将兵を強制するものではない。したがって、幕僚は、指揮官に対する将兵の信頼と尊敬を醸成することが必須である。

2　軍事意思決定における情報の意義

「生情報」「情報資料」「知識」とは何か

考えてみると、われわれは朝起きてから夜寝るまで、条件反射的ないしは習慣的に行動する以外は意思決定を何度も繰り返している。その意思決定のために使用する最も重要な道具が情報である。

われわれが一般に使用する情報には、「生情報（Data）」「情報資料（Information）」「知識（Knowledge）」「理解（Understanding）」の4種類がある。この4種類の情報は、「生情報」を1階にして階層状に積み上げられ、最上階の「理解」情報に至る。そしてこの「理解」情報が意思決定に直接的な影響を及ぼす（付図2　軍事情報の種類と階層）。

「生情報」とは、作戦地域の地形・気象・敵対勢力（敵部隊や武装勢力）・味方部隊の状況等である。これらの情報は、上下級・隣接部隊（特に情報専門部隊）の目視、各種のセンサー（特に偵察衛星、無人偵察機、偵察ロボット、レーダ

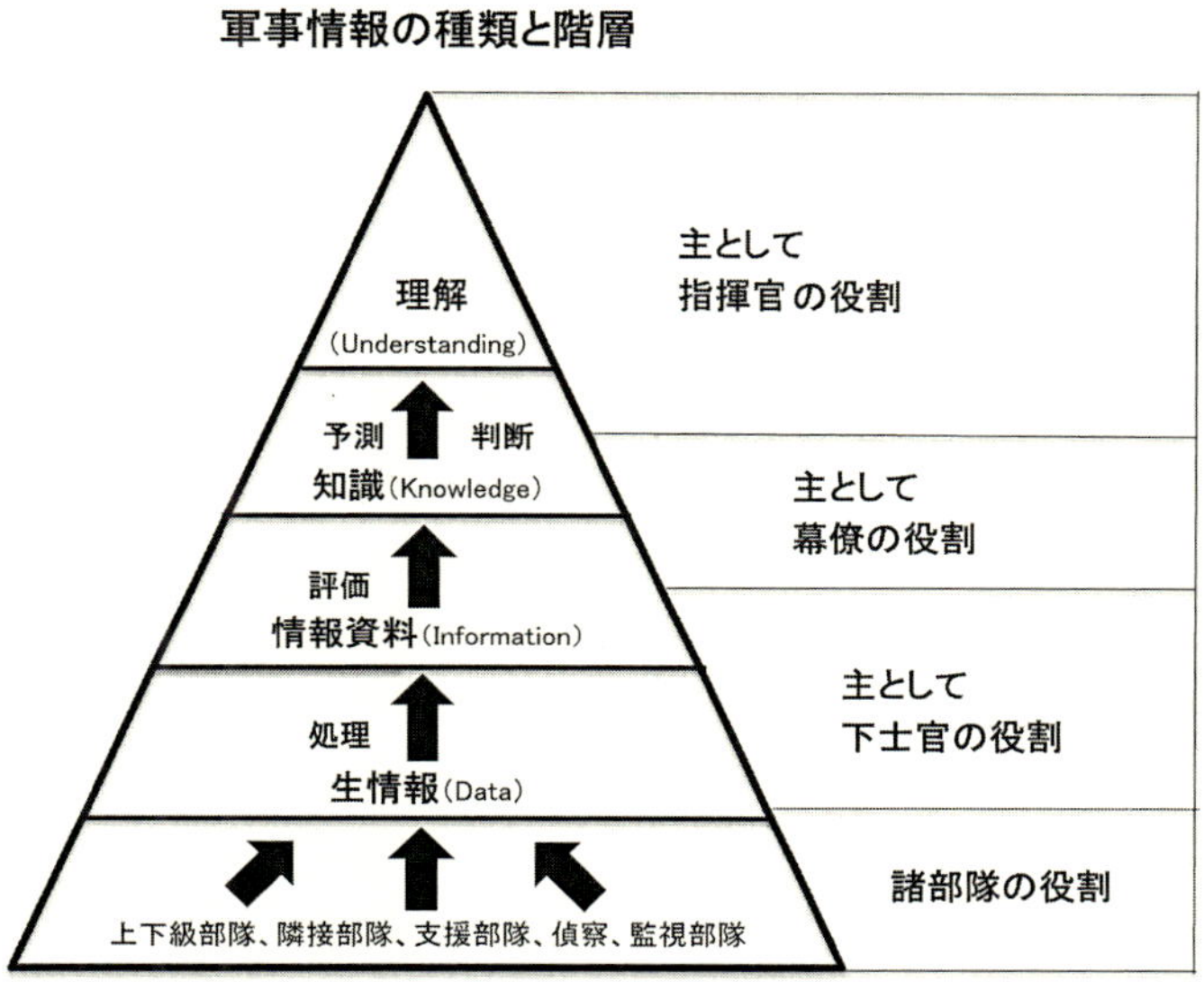

付図２　軍事情報の種類と階層（出所：U.S.Army.Field Manual 6-0 Mission Command: Command and Control of Army Forces. 2003）

ー）、通信傍受等で収集される。収集された「生情報」はコンピュータ通信、電話、無線、ＦＡＸ、フィルム・ロール等によって指揮官に伝達される。この「データ」は通常、暗号化されたり、電子化されたり、ノイズが入っていたりしている。このため、そのままでは理解困難である。

伝達された「生情報」は、指揮官が理解しやすいように翻訳されたり、分類されたり、書式化されたり、分かりやすく表示されたりする。いわゆる「データの処理」が行われる。データを処理したものが「情報資料」である。例えば、偵察部隊の報告書に記された敵戦車の位置、レーダー・スコープに表示された敵戦闘機、無線傍受器により特定された相手側の交信文等が「情報資料」である。病気の診断に例えれば、技士や看護師が患者のレントゲン写真や血液検査表を準備するが、これが「情報資料」である。

「知識」情報とは、作戦を計画し、実行するために必要とする情報で、幕僚が作り上げる。医師は、レントゲン写真、血液検査表、さらには自らの問診や聴診の結果といった「情報資料」をもとに、カルテを整えるが、このカルテが患者についての「知識」である。

「知識」情報を作り上げるには、「情報資料」を分析して、その信頼性・重要性・適時性を評価した後に、作戦地域で起こっていることを関連づけたり、推定したりする。特に、「情報資料」の評価は重要である。「情報資料」には、誤ったもの、くだらないもの、陳腐なものが多数含まれている。

というのは、情報収集手段や情報活動（収集・伝達・処理）には、多くの問題が存在するからである。まず、収集手段には各種の弱点がある。例えば、目視は天候に左右されやすいし、レーダー波は敵機にも味方機にも同様の反応を示す。音源標定や通信標定は地形による制限を受ける。また、収集活動は、敵の収集妨害や隠蔽工作を受けるであろう。さらには、せっかく収集された情報が誤って伝達されたり、遅れて伝達されたりする。加えて、わが方の「データ」処理活動が敵の偽情報によって混乱させられるかもしれない。

作戦に関する「知識」は状況図として表示される。この状況図を見れば、相手の意図は分からないが、相手の様子は分かる。例えば、前線近くに、何百両もの敵戦車が集結したり、多数の火砲が展開したりしている状況が状況図で把握できる。しかしながら、状況図に含まれた「知識」は「相手がどのような行動をとろうとしているか」を明示するものではない。つまり、「知識」はカルテ同様、客観的な情報である。

「理解」とは何か

「理解」情報とは、「知識」情報に判断や予測を加えた極めて主観的な情報をいう。病気の診断では、カルテという「知識」情報をもとに、医者が病気の有無や病状、治療方法、回復の可能性といった「理解」情報を患者に告げる。

軍事行動でいえば、わが部隊の目的達成に脅威となる相手の行動（可能行動という）、われが乗じ得る好機、リスクの程度等を明らかにした情報である。例えば、指揮官や幕僚は、敵の戦車の集結状況、火砲の展開状況、指揮所の位置、地形等を総合した情報、すなわち「知識」をもとに判断した結果、「敵は攻撃に出るつもりである」「わが方は防御も、攻撃もできる」といった「理解」情報を創造する。

「知識」を「理解」に転換する「判断」「予測」は人間のスキル（技能）であり、コンピュータのような機械にできるものではない。それは専門的知識と経験に裏打ちされた直観、すなわち暗黙知によるものである。病気の診断が看護師や技士の支援を得て医者が行うように、「理解」情報の創造は指揮官の主たる業務で、幕僚はこれを支援することになる。

指揮官は「理解」情報を使って方策の決定を行う。また、

「理解」情報は敵対勢力の「理解」情報や住民の認識に影響を及ぼすためにも使用される。欺瞞、宣伝、啓蒙のために使用される情報がそれである。

「理解」情報を方策の決定に役立てるには、「ビジュアル化(Visualization)」の技能が必要である。この技能は、「知識」を「理解」に転換する人間技と同様、芸術的な技能である。各国の軍将校は、士官学校入校以来、ビジュアル化技能を習得するために教育・訓練を積むのである。

3　軍事意思決定における指揮官と幕僚の技能

ビジュアル化とは何か

ある目的を達成するために好ましい方策を選定する場合、「この方策を選ぶかもしれない」と考えるのではなく、「すでにこの方策を選択し、実行中である」として想像することが大事だ。例えば、海外旅行を計画しているなら、空港や機中の自分を想像し、次いで、旅先での朝・昼・夜の様子をイメージする。旅行パンフレットに掲載されている写真の中に自分を溶け込ませ、談笑したり、食事したりして過ごす自分を想像するのだ。イメージの最後は、楽しい思い出とおみやげを抱えて帰宅するシーンになるだろう。

想像力に長けている人なら、気候や音、さらには香りなどもイメージできるかもしれない。画家のゴッホは「最も美しい絵とは、パイプをくゆらしながら夢想する絵である」と語ったといわれる。巨匠や天才と呼ばれる人は、現実の絵よりも脳裏に描いた絵の方が生気を感じとれるものらしい。

鮮明なイメージを描くことができれば、「海外旅行に行くか、それとも断念するか」、行くなら「いつ、誰と、どこに、どのような手段で行くか」、「どのような旅支度を調えるべきか」が明らかになるであろう。

変化する作戦環境の中に自分自身を置いてイメージし、それを鮮明なものにする。このことを、米軍は作戦のビジュアル化といって、「軍事上の方策を決定するための作戦の技能」だと考えている。つまり、作戦のビジュアル化は、指揮官と幕僚の技能、それも芸術に似た技能である。この技能によって、彼らは、当面する作戦上の問題だけでなく、将来の問題にまで焦点を当てて問題を解決していくのである。

作戦のビジュアル化は、第一に、作戦地域の地形・気象・住民という土俵をイメージする。山・丘・河川・植生・人工物（鉄道、道路、橋、市街地、港湾施設、飛行場等）・天候・風・霧・住民の状態や特性をイメージするのだ。要するに、地形・気象・住民の立体映像を脳裏に描くのである。

第二に、作戦の「現在の状態」と「目的を達成した状態」を想像する。つまり、行動開始時と行動終了時における作戦地域の地形・気象・住民の状況と、敵対勢力および味方部隊の状況をイメージするのだ。「目的を達成した状態」とは、例えば、敵の退路を遮断する目的なら、敵が対岸に退却する前に橋梁群に到達し、部隊を配置して確保態勢を完了した状況をイメージする。

第三に、「現在の状態」と「目的を達成した状態」のイメージをつなぎ合わす方策を考え出す。「戦車部隊をもって、この経路沿いに攻撃し、2日でこの橋を確保する」といったぐあいに、目的達成のための方向性（行動方針という）を考え出すのである。

最後に、その行動方針を実行した場合の「作戦推移」と「作戦様相」を脳裏に鮮明に焼き付ける。「作戦推移」のビジュアル化とは、行動開始から目的達成までの作戦の流れをイメージすることである。「作戦様相」のビジュアル化とは、作戦間に起こるイベントの光景を鮮明にイメージすることをいう。

軍事行動においては、敵対勢力・味方部隊・地形・気象・住民の状況が刻々と変化し、いくつものイベントが展開される。戦争を考えた場合、河川や市街地を通過するときには、渡河攻撃や市街戦が起こる。濃霧の発生や夜間への移行は薄暮作戦や夜間作戦を生む。味方部隊の攻撃開始、敵の増援部隊の来着、敵の反撃等も作戦間に起こる大きなイベントである。これらのイベントが「いつ、どこで展開されるか」を鮮明にイメージするのが「作戦推移」のビジュアル化である。

一方、「作戦様相」のビジュアル化の方法は、あるイベントにおける敵対勢力・味方部隊の規模や配置と、地形・気象・住民の状況をイメージすることから始まる。次いで、敵対勢力の可能行動と、その可能行動に対するわが部隊の行動、そしてわが部隊の行動に対する敵対勢力の反応（「行動—対行動—反行動」サイクルという）をイメージする。ちょうど、プロの棋士が自分の駒の動きに対する相手の駒の動きを何十手も先まで読むのと同じである。「作戦様相」は作戦の推移によって刻々と変化する。

ビジュアル化の効果

作戦のビジュアル化は、第一に、蓋然性の高い敵対勢力の可能行動に対抗しうる方策を生むことができる。例えば、敵部隊との交戦を企図する車両部隊が一列縦隊で戦場を移動する場合を考えてみよう。この場合、車両部隊の指揮官は「部隊をいつ下車させ、散開して戦闘態勢をとらすべきか」を決定することが重要だ。不用意に敵の射程範囲に入り込んだため、激しい砲火を浴び、大損害を出すことがよくある。もし、敵の射撃開始を予測する「理解」情報を使って、敵との交戦開始状況をビジュアル化できれば、指揮官は統制線を設け、車両部隊は一列縦隊でその線まで移動しても構わないということになる。そして、その線を越えれば、下車して戦闘態勢をとり、前進するよう指示できる。

第二に、作戦をビジュアル化できれば、蓋然性は少ないが、もし起これば、深刻な人的・物的損害を被ったり、目的達成を困難にしたりする可能行動に対しても有効な対策がとれる。例えば、敵がいる公算は少ないが、もし敵が待ち受けているなら、わが方が大きな損害を被る事態を想定して、斥候を派遣することができる。

第三に、偶発的なリスク事態への対策も講じることができる。偶発的なリスク事態とは、敵対勢力の存在と無関係に起こる「懸念される事態（Hazard）」のことをいう。戦争においてはもちろんのこと、「戦争以外の軍事行動（ＭＯＯＴＷ）」においても、訓練不足、悪天候、兵器の誤作動、誤爆、味方同士の撃ち合い等によって味方が損傷したり、目的達成が困難になったりする事態がしばしば起こる。これらのリスク事態をイメージできるなら、この事態を回避したり、その影響度を最小限に抑えたりする方策が分かる。例えば、味方部隊の現在の位置や将来の予想位置をビジュアル化できれば、友軍相撃を予防する対策を見出し、事前に対策が講じられるだろう。

最後に指摘したい「ビジュアル化の効果」は、好機を捕捉することを可能にするということである。ビジュアル化ができれば、敵対勢力が弱点をさらけ出すことを予測し、わが部隊の準備を整えることができるとともに、好機を捉えて行動することができる。例えば、敵の大部隊が隘路を通過する時点を予測する「理解」情報をもとに、隘路《あいろ》で「もたもたしている敵部隊」をイメージできる場合を考えてみよう。そのようなイメージを描くことができれば、またとない敵の弱点を狙って砲弾を浴びせるため、味方部隊の展開地域が選定できる。そしてまた、現実にそのような好機が生まれれば、即座に効果的な砲撃が可能となる。

ビジュアル化技能の開発

ビジュアル化技能を開発し、向上させるために、将校は修練を積まなくてはならない。この技能を身に付けるには、想像力・洞察力の養成のほか、戦争や抗争・対立、すなわち紛争の実相を理解し、紛争の理論と知識を習得することが必要である。紛争の実相は、恐怖心・憎悪感・緊張感・疲弊感と、それらから生じる誤算・偶然性・不確実性の支配でしばしば表現される。紛争に関する理論・知識とは、作戦の原理・原則（敵対勢力とわが部隊の運用に関するドクトリンを含む）、敵対勢力とわが部隊の能力（特に装備の性能）、地図判読技術等を指す。

想像力・洞察力を養成し、紛争の実相を理解し、紛争の理論と知識を習得するためにはどうしたらよいか。これは、将校の教育・訓練が抱える最大のテーマである。想像力や洞察力は個人の資質によるところも大きいが、自然科学・歴史・心理学・哲学といった一般文化についての教養を高めることによっても醸成される。最近、先進諸国の軍隊は、多くの若手将校を一般大学の大学院に留学させ、修士号や博士号を取らせて軍務に復帰させるが、その目的は想像力や洞察力の向上にある。

しかし、紛争の実相や知識に関して理解を深める方法は、軍隊特有の専門的教育・訓練以外にない。戦史に関する教育や研究、部隊を実際に指揮する実員訓練、各種の状況を想定して地図上で部隊を動かすシミュレーション訓練等が反復実施される。その主たる狙いは将校のビジュアル化技能の開発と向上である。

将校のビジュアル化技能こそが、軍事意思決定に必要とされる最も重要な能力である。この技能なくして、いかなる軍事意思決定法を採用しようと「絵に描いた餅」にすぎない。

3章　軍事意思決定法の種類

【3章のポイント】

企業環境が目まぐるしく変化する時代にあって、企業の浮き沈みは激しい。ビジネス書で持てはやされていた成功企業が、半年後にはその名前さえ忘れられている。衰退の原因の多くが意思決定の失敗である。「自社の能力を超える目標を掲げた」「市場や競合他社の動きを読めなかった」「過去の成功体験にあぐらをかいていた」等々、正しいビジネス意思決定ができなかったからである。

正しい意思決定をするために「何を考慮して、どのような順序で考えるか」、これが意思決定法である。意思決定能力を高めるためには、優れた意思決定法に習熟し、それを活用することが必須である。

軍隊はこれまで各種の意思決定法を開発してきた。それらを大別すると、作戦を成功に導く要因に焦点を当てるものと、意思決定の目的に焦点を当てるものがある。

作戦を左右する要因には、任務（Mission）、敵対勢力（Enemy）、味方部隊（Troops）、地形と気象（Terrain & weather）、時間（Time）、住民（Civilians）に関するものがある。この六要因を、米軍は略してMETT-TCと呼んでいる。ビジネスでいえば、業務目標、顧客のニーズ、競合他社の意図や能力、さらには自社の資源や組織文化等であろう。

これらの要因に着目して方策を決定する方法には2通りある。要因をできるだけ広く検討するアプローチと、要因を最初から絞って考えるアプローチだ。前者を「分析的意思決定法」、後者を「直観的意思決定法」という。

また、意思決定の目的という観点からも、軍事意思決定法を分類することができる。企業の経営が「企画」段階と「実行」段階に区分されるように、軍事行動も、作戦開始前に計画を策定する段階と、作戦開始後に作戦を実施する段階に区分できる。作戦開始前の計画策定のための意思決定法を「全般作戦計画型の意思決定法」といい、作戦開始後の作戦遂行のための意思決定法を「作戦実施型の意思決定法」という。

1　分析的意思決定法 vs 直観的意思決定法

「分析的意思決定法」の前提

「分析的意思決定法」は、作戦を左右するあらゆる要因を洗い出した上で、あらゆる方策を考え出し、その中から「最良の方策」を選定するものである。この意思決定法では、考え出された多数の方策の利点・欠点を明らかにし、優劣をつけるため、幕僚を総動員してその専門知識を活用する。したがって、時間がかかる。

「分析的意思決定法」が立脚する次のような前提は、軍人だけでなく、ビジネスマンにも受け入れやすい。このため、意思決定に関する市販のビジネス書はこの意思決定法を説いているものが多い。

第一の前提は「多数の解決案を比較すれば、ベストの解決策を見つけることができる」ということである。考えられるあらゆる方策をもれなくリストアップし、その中から選択すれば、見落としや偏見を回避することができる。したがって、最良の方策を決定できる。

第二の前提は、「最良の方法や手段を決めて、巧く実行すれば、良い結果を得る可能性は高まる」ということである。軍事行動にしろ、企業経営にしろ、良い結果を得るためには、最良の方策を決定し、決定した方策を効果的かつ効率的に実行することが必要である。それで失敗すれば、「運が悪かった」と諦めざるをえない。

第三は、「軍事意思決定は科学（Science）領域である」という前提である。作戦のための方策の決定に影響を及ぼす要因として、兵員や兵器の数・兵器の性能・移動速度・燃費量といった客観的で、数量的なものが挙げられる。したがって、軍事意思決定には、数学・物理学・心理学等の科学の成果を大いに活用できる。要するに、「スーパー・コンピュータを駆使すれば、最良の行動方針に行き着く」と考える軍人がこの意思決定法を推奨する。

「直観的意思決定法」の前提

「直観的意思決定法」は作戦を左右する要因を重要なものだけに絞り、最初に頭に浮かぶ方策だけを検討する。「分析的意思決定法」のように多数の方策を検討しない。もし、最初に選択した方策が不適切なものであるなら、次の策を考え出し、検討する。したがって、決定した方策は最良のものではなく、妥当なものであるといえよう。

この意思決定法では、指揮官が自らの経験、学習、それに訓練から習得した「ヒラメキ」で、「何が重要な要因か」「どんな目標が達成可能であるか」「この行動方針を採用した場合、どのような問題が生じるか」を判断する。つまり、状況の特質を直観で理解し、これをもとに、直観で「いつ」「何をすべきか」を決定する。したがって、この意思決定法は幕僚の能力よりも、むしろ指揮官の直観力に大きく依存する。

「直観的意思決定法」の狙いはスピードである。情報化時代のビジネスでは、迅速な「企画」と「実行」によって、またとないビジネス・チャンスをものにすることは多い。「企画」と「実行」が迅速なら、顧客のニーズに素早く対応できるし、競合他社に先んじることもできる。

「直観的意思決定法」の前提は、軍人の間で最近まで受け入れられなかったし、ビジネス社会にもあまり紹介されていない。この意思決定法の開発と普及は、80年代末、ボイド大佐が発表した意思決定論に負うところが大きい。スピードを重視するボイドの理論は、またたく間に欧米の軍事専門家の間で関心の的となった。彼らは、作戦計画の迅速な「策定と実行」の重要さに目覚め、「直観的意思決定法」にスポットライトを当てるようになったのである。

「直観的意思決定法」が立脚する第一の前提は、「ベストの方策を選択しようとあれこれ悩むよりは、ベターな方策でも短時間で決める方が良い結果をもたらす」ということだ。妥当な行動方針でも、早く決めて実行すれば、相手に先んじて行動することができる。先手必勝である。また、時間をかけて詳細かつ慎重に検討した行動方針なら、作戦開始後、状況に大変化があっても、それに固執して大胆に修正できないものである。第二次世界大戦で活躍した米国のパットン将軍は「今直ちに実行できる良策は、次週に実行できる完全無欠な方策より優れている」と断言している。

第二の前提は、「軍事行動では、確実な情報など存在しないから、完璧な方策を求めるべきでない」というものである。軍事行動は情報活動を強化しても多くの「不確定事項」が残る。すなわち、使用する情報は、曖昧なもの、混乱や矛盾したもの、予測しにくいことで満ち溢れている。そのような状況下でも、ためらって決断が遅れるようなことがあってはならない。

たしかに、リスクは残る。しかし、許容しうるリスクはこれを積極的に受け入れるべきである。ビジネスの場合を考えても、顧客のニーズが曖昧な場合、競合他社が新製品を発表する前に、ある程度のリスクを賭けても自社の新製品を先に市場に売り込むべきである。

第三は、「直観力を働かせれば、情報の不確定事項を減らすとともに、状況を迅速に理解できる」という前提である。経験や学習によって、意思決定者は、曖昧な状況、矛盾に満ちた状況、突拍子もない状況に直面しても、過去の状況との類似性やパターンを認識し、その類似性やパターンが何を意味するかを見抜くことができる。つまり、状況を不可解なものとして、気が動転したり、思考が堂々巡りしたりすることはない。むしろ、典型的なもの、理解可能な標準的状況として淡々と捉えることが可能になる。

そして、状況を正しく理解できれば、自動的に適切な行動方針が浮かんでくる。碁を打つときのことを考えてみれば、よく分かる。詰め碁のパターンを経験や学習によってものにしてしまえば、あれこれと打つ手を考える必要はない。経験や学習こそ、パターン認識を促し、状況の特性や推移を的確、迅速に理解する活眼を養成する。

第四の前提は、「軍事意思決定は芸術（Art）の領域である」ということだ。前述したように、「分析的意思決定法」は軍事意思決定を「科学」の範疇に入ると考えた。これに対して「直観的意思決定法」は、非論理的とまではいえないが、論理性の薄い「感性の領域」であると見る。たしかに、作戦というものは、不確定事項やリーダーシップといった主観的・精神的な要素によって大きく左右される。したがって、軍隊の意思決定法では、コンピュータで計算した結論が常に良い結果をもたらすものではない。むしろ、暗黙知（経験や学習で培われた直観）が重要な役割を演じる。

直観力の養成

最後の前提は、「直観力は経験・学習・訓練で身に付く」ということである。感性や芸術的能力は生まれつきの才能であり、教育・訓練では向上するものではない、と考えられてきた。しかし、直観は経験を積み、注意深く学習し、反復して訓練することによって習得することができるものなのだ。

直観的な意思決定法に精通するには、パターン認識を改善すればいい。パターン認識を改善するための方法は、もちろん、経験を積むことが最良の方法である。つまり、実戦を通じての改善が一番である。しかし、学習と訓練を通じても、パターン認識はかなり改善される。ＩＴを活用した教育・訓練テクニックがそれを促進する。

直観的な意思決定法を行うために、どのような教育・訓練を行えばよいのであろうか。直観力養成のため開発された教育・訓練技法は、理論を習得させることではなく、多数の事例を学習させ、反復訓練を積ませることである。

例えば、米国の一流大学のビジネス・スクールは、直観的な意思決定能力を養成するため、独特のMBA教育を採用している。MBA専攻学生は、2年間のうち最初の1年間はビジネス・マネージメント理論の課目を履修することができない。履修課目は、マネージメント理論を離れて、ビジネスの各種事例研究である。2年目になって、学生はビジネス・マネージメント理論を履修する。2年目の末期までに、ハーバード大学やスタンフォード大学のMBA学生は、合計200近くの事例研究をこなすことになる。これらの大学のMBA卒業者がビジネス界で高い評価を得ている理由は、彼らがビジネス上の「企画」と「実行」に関して直観力を持ち合わせていることだ。

直観力を養成するため、米軍も同じアプローチを採っている。指揮官の卵に対して、いろいろな作戦事例を付与して、意思決定の立場を学習させる。数個の代表的な事例ではなく、できるだけ多くの事例、幅広い事例、各種各様の事例と取り組むのである。

2　全般作戦計画型の意思決定法VS作戦実施型の意思決定法

「全般作戦計画型の意思決定法」の前提

軍隊では通常、作戦開始前に作戦の終始にわたり拠り所となる計画を作る。これを全般作戦計画といい、作戦実施間に策定する一局面、一時点についての作戦計画と区分している。後者、すなわち作戦実施間の計画は拙速を尊ぶが、全般作戦計画は時間をかけて綿密周到に計画される。一般に作戦計画といった場合、全般作戦計画を指すことが多い。

この2種類の作戦計画のうち、いずれに焦点を当てるかによって異なる意思決定法が開発されてきた。作戦開始前に策定する作戦計画を重視した意思決定法は「全般作戦計画型の意思決定法」といわれる。一方、作戦開始後の作戦遂行のための意思決定法は「作戦実施型の意思決定法」である。

「全般作戦計画型の意思決定法」は、「任務の受領」に始まり、「行動方針の決定」で終わる。これで意思決定過程は終了する。つまり、この意思決定法は直線的で、しかも一方向的である。

作戦開始前には時間的余裕があるため、「分析的意思決定法」が推奨される。時間がなければないほど、直観的な方法が取り入れられる。例えば、検討する行動方針の数を少なくするとか、行動方針を比較する要因を極めて重要なもののみに絞るなどである。

工業化時代の軍事意思決定法では、作戦開始前の意思決定法だけが着目され、作戦開始後の意思決定法に対しては、ほとんど焦点が当てられなかった。というのは、次のような「全般作戦計画型の意思決定法」の前提が工業化時代の軍事行動様式、すなわち「戦場における勝利」のための行動様式によくマッチしていたからである。

「全般作戦計画型の意思決定法」の第一の前提は、全般作戦計画の策定では、METT-TCのうちの任務（M）が最も重要な役割を演じるということである。この意思決定法では、任務の受領から意思決定過程が始まる。その任務はあらゆる犠牲をはらっても達成すべきものである。しかも、意思決定過程を踏むにあたって、常に任務に立ち返って考える。したがって、任務の変更を要するような方策は最初から出てこない。

第二は「敵情は不明な点が多い」という前提である。作戦開始前には、時間が十分あるから活発な情報活動が可能である。それによって、わが部隊の能力と地形に関しては、詳細かつ確実な情報が入手できる。しかし、敵に関する情報は、なかなか上がってこない。敵情は敵と衝突して初めて明らかになるものである。したがって、敵情ではなく、任務、作戦地域の地形、わが部隊の能力を重視して意思決定をし、計画を策定せざるをえない。

第三の前提は、「計画通りに実行される作戦こそ優れた作戦である」ということである。つまり、意思決定に織り込まれていないことが「実行」段階で起こることは、好ましくないことなのである。したがって、作戦が開始されたなら、少々の状況の変化は歯牙にもかけず、当初決定した行動方針を堅持しようとする。状況が激変した場合にのみ、任務が変更され、新しい意思決定過程が始まる。状況の激変とは、任務が達成されたときか、反対に、作戦が頓挫したときにのみやってくる。

「作戦実施型の意思決定法」の前提

「全般作戦計画型の意思決定法」が直線・一方向的であるのに対して、「作戦実施型の意思決定法」は循環型である。この意思決定法では、ある方策を実行したことによって起こる新たな作戦環境が注目される。そして、新しい作戦環境を反映する方策が模索されるのである。作戦開始前のように、意思決定過程が「決定」で終了することはない。つまり、情報入手―状況判断―決定―行動―情報入手のサイクルを描きながら、次々と方策を決定するループ状の意思決定法である。

全般作戦計画型と作戦実施型の違いは、好きな人に「どのようなアプローチをとるか」という意思決定法になぞらえれば、分かりやすいであろう。全般作戦計画型では、相手の性格や好みを相手の友人や上司から聞いた後に、デートの日時や場所を一方的に決める。これに対して、作戦実施型は、相手とコミュニケーションをとりながら、その性格や好みを探っていく方法である。脈がありそうなら、夕食やドライブに誘うし、そうでないならコンパやカラオケで「状況の改善」を図る。ビジネスでは、「学習型の意思決定法」とか、「仮説・検証型の意思決定法」といわれている。

軍事専門家たちは、前述したように、伝統的に作戦開始前の意思決定に関心を抱いてきた。しかし、ボイド大佐の「OODAループ意思決定論」は、作戦開始前よりも、むしろ作戦開始後の意思決定に関心を向けさせた。なぜなら、多くの軍事専門家が次のような前提を受け入れたからである。

「作戦実施型の意思決定法」が立脚する第一の前提は、作戦開始前には考えていなかったことが「実行」段階では起きるということである。机上で冷静に考え、緻密な作戦計画を策定しても、不確実な情報が多く、正確に予測できるものではない。計画通りに物事が進まないことは、日常茶飯事である。むしろ計画をそのまま実現することの方が異例ですらある。そこで、「実行」段階で生じる予期せぬ事態を、学習の機会として積極的に捉えるべきだと考えるのである。

第二の前提は、作戦開始後の状況は流動的で、猫の目のように変わることである。特に、情報化時代の戦争や抗争では、脅威は迅速に切迫し、乗じ得る好機は一瞬にして過ぎ去ってしまう。目まぐるしく変わる作戦様相に対処するためには、敵よりも迅速に次々と新方策を打ち出す必要がある。わが部隊が打撃を停止すれば、停止している間に、相手

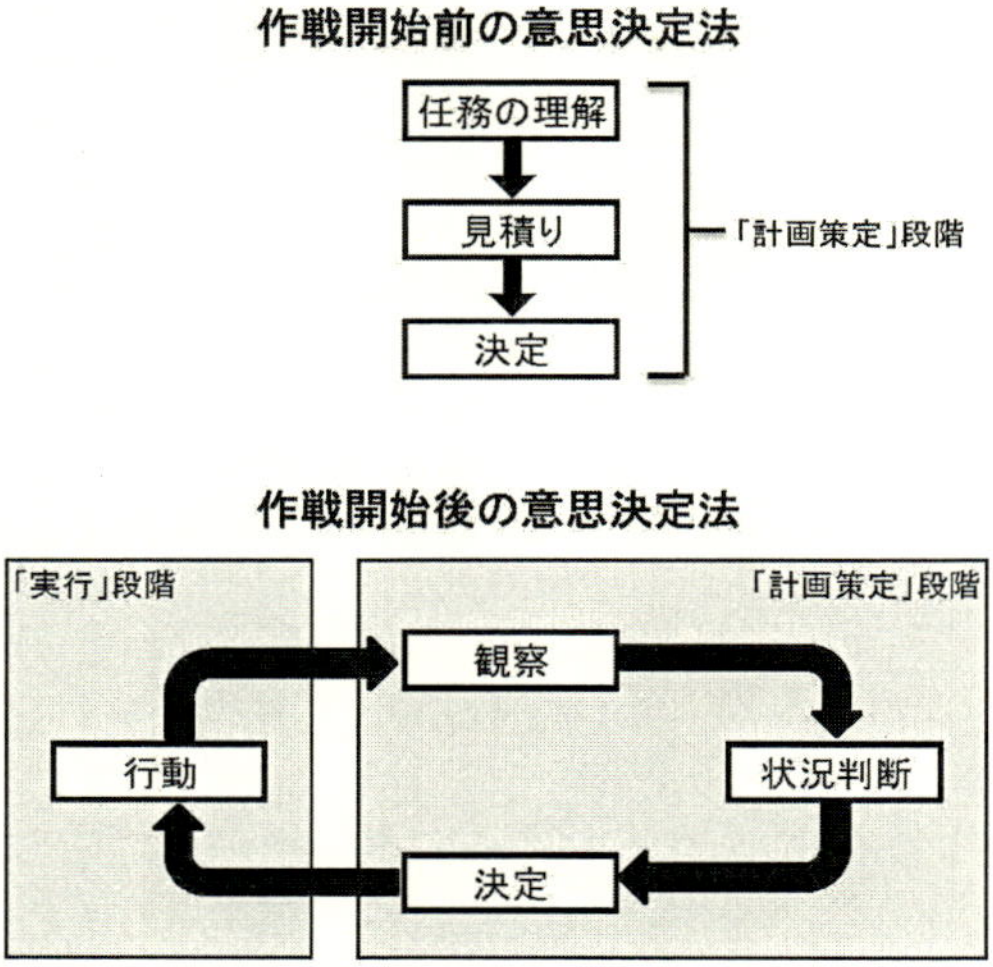

付図3　作戦開始前と作戦開始後の意思決定法

は次々と手を打つだろう。こちらは、相手の動きを見て、畳み掛けるように打撃しなくてはならない(付図3　作戦開始前と作戦開始後の意思決定法)。

第二次世界大戦後、米軍は作戦開始前に焦点を当てた「全般作戦計画型の分析的意思決定法」を開発し、世界に普及させた。自衛隊も創隊以来、この手法を導入し、教育・訓練を積んできた。

そこで、次章では「全般作戦計画型の分析的意思決定法」について、その手順の概略を説明した後に、米軍がこの手法をドクトリン化した理由と、その問題点を検討してみよう。この手法の問題点が明らかになれば、それを足掛かりにして、情報化時代の軍事意思決定法を構築できるに違いない。

第二部　軍事意思決定とビジネス

4章　工業化時代の軍事意思決定法の問題点

【4章のポイント】

戦場で勝利を収めるには、無形の交戦能力と有形の交戦能力が必要である。無形の交戦能力とは、情報・士気・心理・指揮・団結心などの精神的能力を指し、有形の交戦能力は将兵や兵器といった物的な能力をいう。無形の交戦能力の破砕を狙う戦争方式が「機動戦（Maneuver Warfare）」である。これに対して、有形の交戦能力を殺傷・破壊する戦争方式が「消耗戦（Attrition Warfare）」だ。

機動戦は、フランス革命以前、17～18世紀の絶対君主の傭兵による戦争で頻繁に行われた。当時の絶対君主は傭兵に対して給与を一年中支払わねばならなかったため、その資金を捻出するのに苦労していた。一方、傭兵は絶対君主に対する忠誠心に欠け、金と快適な軍人生活が保障されることを望んだ。つまり、血ではなく、金が決定的要素であったといえる。

このため、傭兵軍隊の将軍たちは、自軍に損害を出さない戦い方で、しかも相手の国庫を涸渇させることを考えた。敵軍の将兵や兵器を殺傷・破壊することを「戦闘」というが、彼らの考えた戦い方は、流血回避・戦闘回避の方式であった。つまり、敵軍を殺傷・破壊するよりも、戦闘状態に陥る「恐れ」を敵の将軍に抱かせるため、絶えず自軍が機動する戦いである。この方式で相手側の絶対君主の軍資金を消費させ、それが涸渇し始めた頃、交渉によって争いを相互に解決しようとした。

ところが、フランス革命後、国民皆兵のナポレオン軍が敵軍隊を火力で殺傷・破壊することによって戦勝を獲得したため、これが全世界の倣《なら》うところとなった。ナポレオン軍の戦争方式はそれまでの傭兵流の戦争方式とは対照的に、敵軍との戦闘によって決着をつける流血と消耗の戦い、すなわち消耗戦方式であった。

消耗戦は、相手の司令官が「これ以上、戦いを継続することが物理的にできない」と考えるまで、相手の将兵や兵器を殺傷・破壊する戦いだ。したがって、消耗戦では、戦闘に焦点が当てられる。戦争に勝つには、戦闘に勝つこと、すなわちできるだけ多くの敵部隊を殺傷・破壊することが重要である。

代表的な消耗戦論者であるクラウゼヴィッツは「戦闘は戦争における唯一の有効な手段である」と書いている。彼は言う、「18世紀の戦争のように、戦闘をできるだけ回避して戦いに勝つことを追求するなど、戦争と呼ぶにふさわしくない」と。

工業化時代に米軍が開発し、普及させた「分析的意思決定法」はクラウゼヴィッツ流の戦争、すなわち戦闘を重視した消耗戦のための意思決定法であった。それは、機動戦を念頭においていない。いわんや「戦争以外の軍事行動（MOOTW)」は想定していない。したがって、この意思決定法で使用される「作戦」とか、「軍事行動」とかいう言葉は、戦闘を主体とする軍隊の行動を意味している。

第二部では、情報化時代の軍事意思決定法を理解するため、まず、米軍が工業化時代に開発した「分析的意思決定法」の特色と問題点から検討することにしよう。次いで、ボイド大佐の「OODAループ意思決定論」を紹介した後、情報化時代の軍事意思決定法の特質を明らかにする。そして、その特質にもとづいて具体的な情報化時代の軍事意思決定法を提示してみたい。

1　分析的軍事意思決定法の手順

任務の理解

米軍の「分析的意思決定法」の手順について、「マイホームの購入」を例にとりながら、その概略を説明しておこう。なお、詳細な手順は第三部に改めて記述することにしたい。

全般作戦計画策定のための「分析的意思決定法」では、①任務（Mission）の理解、②見積り（Estimate)、③決定

全般作戦計画策定のための分析的意思決定法

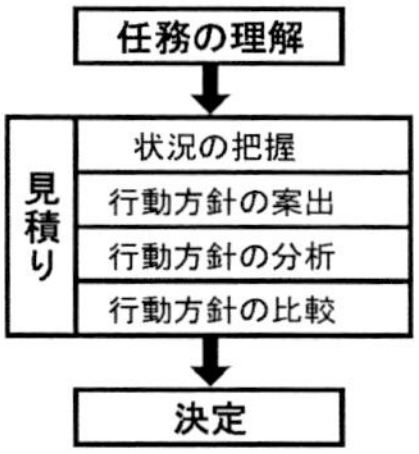

付図４　全般作戦計画策定のための分析的意思決定法

（Decision）の３段階を経て意思決定がなされる。第一段階の「任務の理解」は、「任務の受領」と「任務の分析」に区分され、第二段階の「見積り」は、「状況の把握と行動方針の案出」、「行動方針の分析」「行動方針の比較」に区分される(付図４　全般作戦計画策定のための分析的意思決定法)。

この意思決定過程は、上級指揮官から命令という形で、任務を受領することから始まる。任務とは、部隊の行動を促すとともに、その行動を統制するために必要なことを簡潔に述べたものである。企業では、「任された業務・職務」にあたる。任務には、自分の部隊の「達成すべき目標」が必ず含まれる。

結婚して家族を持った人にとって、「マイホームを手に入れることは、願望というよりも使命（Mission）だ」と思っている人は少なくないであろう。そのような人にとって、マイホームの購入は自ら定めた「達成すべき目標」となる。

任務が与えられたなら、その任務を分析する。任務分析の手順はまず、作戦の目的、作戦地域の地形・気象、彼我の状況を概観する。次いで、示された「達成すべき目標」を具体化し、自分の部隊が「達成しなければならない具体的事項（タスクという）」を明らかにする。

マイホームの購入の場合、「マイホーム購入」の決意を具体化する。マイホームを購入する目的、手持ち資金、将来の人生設計等を考えて、例えば、「４０００万円以下で、家族５人用のマイホームを、通勤距離内に見つけ、２年以内に購入する」ことが導き出される。これが、達成しなければならない具体的事項、すなわちタスクである。

見積り

第二は「見積り」段階である。「見積り」とは、任務達成のための「最良の行動方針」を見出すことである。その要領は、状況を把握し、行動方針を考え出すことから始まる。作戦地域の地形・気象、彼我の状況を把握し、タスクを達成するために実行可能な行動方針を複数考え出すのである。タスクである「通勤距離内にある4000万円以下で、家族5人用の物件」に関する情報を収集し、物件の場所・宅地面積・建物の種類（マンションか、一戸建てか、新築か、中古か）等に関して異なる複数の物件を準備する。

「状況の把握と行動方針の案出」が終わったら、考え出した各行動方針の分析に移る。「行動方針の分析」の目的は、各行動方針の「利点・欠点とその程度」を把握することにある。このため、ウォー・ゲーム（War Game）を行って「作戦のビジュアル化」を容易にする。

「分析的意思決定法」で活用するウォー・ゲームは、地図上に彼我の部隊を展開して対抗させる「図上ウォー・ゲーム」である。自衛隊では、兵棋《へいぎ》演習または図上演習という。「図上ウォー・ゲーム」では、関係幕僚が多数参加して、各々の専門的見識を結集する。

各行動方針の「利点・欠点とその程度」は、「作戦の原理・原則」を尺度として使用することによって把握される。なかでも、「総合戦闘力の集中発揮が容易かどうか」が、消耗戦では重要な尺度となる。マイホーム購入の事例では、自然環境・社会環境・通勤時間・価格等が尺度になるだろう。「利点・欠点とその程度」が分かれば、各行動方針を実行するにあたっての助長策や対策が浮かび上がってくる。

「行動方針の分析」に引き続き、各行動方針を比較し、優劣をつけ、最良の行動方針を見出す。各行動方針を比較するには、「行動方針の分析」で使用した尺度を「比較のための要素」として使用する。次いで、これら要素の軽重を評価する。すなわち比重をつける。

マイホーム購入における比較要素は自然環境・社会環境・通勤時間・価格等である。次いで、「社会環境を最重視し、価格は二の次、自然環境と通勤時間は一応考慮する程度」といったぐあいに比較要素の軽重を考える。

最後に、比重の大きい要素を重視して総合的に判断し、「最良の行動方針」を選定する。マイホーム購入の場合、社会環境を最重視して総合点をつけ、総合点の高い物件を選定する。そして、通勤距離内にある4000万円以下で、家族5人用のマイホームを2年以内に購入するため、物件のある場所・宅地面積・建物の種類等の観点から、最良の物件を選択する。

決定

「分析的意思決定法」では通常、指揮官だけでなく幕僚も「行動方針の比較」を行う。そして、それが終わったら、幕僚は彼の「結論」、すなわち「最良の行動方針」とその理由を指揮官に対して説明し、「決定」段階に入る。

「決定」段階に持ち込まれた「最良の行動方針」は、その後、三つの道を歩むことになる。指揮官はこの三つの道のうち、「いずれの道を選ぶか」を的確に決定しなければならない。

第一は、「結論」が指揮官によって承認され、実行に移される道である。この場合は、幕僚の単なる調査・研究報告が権威を有する言葉や文章となる。すなわち、決定された「最良の行動方針」にもとづき、命令が作成・下達される。

第二は、「結論」が承認されず、再検討される道である。指揮官が幕僚の「結論」に不同意の場合、幕僚は別の「最良の行動方針」を見出さなければならない。この場合、当初の幕僚の「結論」は実行に移されないから、幕僚がそれまでに費やした時間と労力は大部分無駄ということになる。

しかし、幕僚は虚心坦懐《きょしんたんかい》、別の行動方針を模索しなければならない。最終的には、別の行動方針が「最良」とされて指揮官に承認され、命令が作成される。

第三は、承認が先送りされる道である。この場合、「結論」が実行に移されるかどうか不明である。「結論」の根拠が曖昧だったり、状況の急変を予感したりする場合は、指揮官はもっと情報を入手した後に決定したいと思うからだ。

また、「承認の先送り」は、上級指揮官に対して意見具申をするため行われることもある。どの行動方針も実行不可能か、人的・物的コストがかかりすぎると考え、上級指揮官に任務の変更を具申するか、必要な増強手段を要請するためである。

要するに、幕僚が出した「結論」はそのまま承認されるか、もしくは修正・変更されて最終的には承認される。そして、全般作戦計画が策定され、命令が作成されて意思決定過程は完了する。

2　米軍が分析的意思決定法をドクトリン化した理由

伝統的な戦争方式

なぜ、米軍は分析的意思決定法を「公式の原則(Doctrine)」として採用したのであろうか。第一の理由は、米軍の伝統的な戦争方式にある。米軍の伝統的な戦争方式は、砲弾で敵の物的交戦能力である兵員や装備を殺傷・破壊する「消耗戦」戦略である。圧倒的な火力で着実に作戦を推し進めるのだ。状況の変化に適応して、作戦を修正・変更する「機動戦」戦略ではない。

作戦が開始されたなら、少々の状況の変化はあろうとも、当初決定した行動方針を堅持する。作戦開始前に策定した作戦計画は、目的が達成されたときか、反対に作戦が頓挫したときのみに効力を失う。要するに、伝統的軍事戦略を遂行するため、米軍は「作戦開始前」の計画策定に焦点を当てた意思決定法を必要としたのである。作戦開始前なら、時間的に余裕がある。したがって、「分析的意思決定法」が開発された。

慎重性と均等性

米軍が「分析的意思決定法」を開発し、ドクトリン化した第二の理由は、行動方針の決定がもたらす重大性である。行動方針の決定は国家の存亡を左右する。少なくとも、多くの人命を犠牲にする。そのように重大な決定なら、慎重な上にも慎重を期し、あらゆる可能性を検討した後、「最良の行動方針」を選択すべきである。しかも、ひとたび行動方針が決定され、部隊が動き出すと、その方向を修正することは容易ではない。したがって、作戦に関する決断は拙速を避けるべきだ。

第三の理由は、「分析的意思決定法」による行動方針の決定は、幕僚や部下指揮官の経験と知識の差にあまり左右されないことである。この意思決定法は作戦の科学的・論理的な側面を重視しているから、百戦錬磨の軍事的天才も、士官学校出たての初級将校も同じ解答に到達することができる。つまり、経験も知識も未熟な将校たちが意思決定上の誤りを最小限に抑えることのできる手法である。

指揮官と幕僚の連携

第四に、この手法だと幕僚や部下指揮官の意見を集約し、納得のいく結論を導き出すことができる。科学的・論理的に問題を考えれば、同じ解答に行き着くはずだから、幕僚たちの思考を一点に集中させることができる。また、部下指揮官も、指揮官の意図を理解して行動することが可能である。要するに、指揮官、幕僚、部下指揮官は心を一にして作戦を立案し、一丸となって遂行するのに適した意思決定法といえる。

第五の理由は、「三人寄れば文殊の知恵」である。一人の指揮官の判断よりも、幕僚が集まって脳漿《のうしょう》を搾った方が正しい判断ができるに違いない。作戦では、情報・機動・火力・工兵・通信・兵站・人事といった部隊の諸機能を統合した戦闘力が発揮されなければならない。そのためには、各分野の専門家である幕僚の知識・技能を結集する必要がある。指揮官は、幕僚のアドバイスを十分考慮して行動方針を選定すれば、それが最良のものとなるはずだからである。

説明責任の重要性と直観による誤謬

第六の理由は、採用した行動方針について、上級指揮官や国民に説得力のある説明が可能なことである。指揮官には、部隊の効果的かつ効率的な使用、特に部下将兵の犠牲を抑えるための配慮について、上級指揮官や国民に対して説明する責任がある。科学的・論理的結論にもとづく行動はこの説明責任をはたしやすい。直観による決断は、「なぜ、そのように認識したのか」「なぜ、別の行動方針を無視したのか」といった質問に対して説得力ある返答がしにくい。「それは直観です」と答えたのでは、誰も納得しないだろう。

「分析的意思決定法」をドクトリン化した最後の理由は、敵情の把握を重視する意思決定や直観に頼る意思決定の危険性である。クラウゼヴィッツが指摘しているように、戦場は「戦争の霧」で覆われている。特に、敵情は不明な場合が多い。敵は自らの姿と行動を隠すだけでなく、相手を騙そうとするからである。

暗黙知としての直観はたしかに重要だ。「分析的意思決定法」においても、指揮官の直観はかなりの役割をはたす。例えば、欠落した情報の穴を埋めるため、複数の重要な行動方針を考え出すため、そして最良の行動方針を選択するため等で直観は活用される。しかし、直観の「落とし穴」はいたるところに存在する。直観は偏見や先入観を抱いたものになりやすいということだ。

したがって、敵情把握と直観を重視する意思決定法は、あまりにもリスクが高すぎる。もし敵の可能行動を見誤り、奇襲を受けたりすれば、圧倒的に優位な戦闘力を保有しているにもかかわらず、敗退を余儀なくされるかもしれない。

これらの理由から、米軍は作戦開始前の「分析的意思決定法」をドクトリンとして採用し、冷戦を戦い、すべての戦闘で勝利を収めてきた（戦争には敗れることがあったが）。しかし、この「分析的意思決定法」はいくつか問題点を抱えている。

3　分析的軍事意思決定法の問題点

情報が正確で、確定できることが必要である

「分析的意思決定法」の問題点は、第一に、情報が不正確で、不確実な場合、誤った結論を導くことになるという点である。情報が正確であることがこの手法の前提である。マイホームの事例を取り上げれば、各候補地の購入価格や通勤時間が不正確なら、価格や通勤時間による比較は意味がない。また、いかに情報が正確であっても、それが不確実なものなら、各行動方針の優劣を正しくつけることは難しい。

不確実な情報、つまり曖昧で、混乱し、予測がつかない情報の例を挙げてみよう。まず、作戦では、行動方針を比較するための要素は、数量化できないもの、抽象的なものがほとんどである。数量化できないものや抽象的なものは、明確な基準にもとづき客観的に優劣をつけることができない。抽象的な要素でも、「極めて良いもの」と「極めて悪いもの」は自信を持って格付けできるかもしれないが、その中間に位置するものは「どちらが優れ」「どちらが劣っているのか」評価できない場合が多い。

さらに、「比較のための要素」の定義が曖昧なら、他の比較要素と重複して優劣を評価することが多くなる。例えば、「利便性」という比較要素は、「社会環境」と密接に関係するから、「社会環境」に加えて「利便性」で比較すると、二重に行動方針を評価することになる。

加えて、「比較のための要素」についての情報が時間とと

もに変化する場合も、情報は不確実なものとなる。将来の可能性が一つに断定できないでいくつかの可能性を持っている場合がそうである。建設中の道路の存在によって、将来の利便性が高く評価されても、完全に整備された暁には、騒音に悩まされることになるかもしれない。

最後に、予測に何の根拠もなく、希望的観測にしかすぎない場合も多い。「総合病院の建設が予定されている」とか、「電車の駅ができる」といった情報のうちには、噂の域を脱しないものもあろう。これらの不確実な情報で比較し、選定しても、真に「最良の行動方針」といえるだろうか。疑問である。

時間がかかりすぎる

第二に指摘したい「分析的意思決定法」の問題点は、時間を要することである。実際、この手法は時間がかかるため、作戦開始前の作戦計画、すなわち全般作戦計画を策定するときにしか使用されない傾向がある。

正確な情報、確実な情報を収集するには、時間がかかる。時間がないため、信頼するに足る情報が入手できないなら、この手法はまったく役立たない。このことはすでに指摘した。仮に、早期に、正確かつ確実な情報を入手できたとしても、各行動方針をウォー・ゲームで分析したり、各行動方針を比較したりするには、相当の時間が食われる。

加えて、この手法では、すべての行動方針を検討し終わらなければ、結論が出ず、したがって意思決定ができない。東京周辺で物件を探す場合、JR中央線沿線と東海道線沿線の物件だけを比較したのでは、解答を見つけ出すことができない。時間切れで検討できなかった総武線沿線や埼京線沿線に最高の物件があるかもしれないのである。

さらに、マイホームの選定とは異なり、軍事意思決定は、現存する特定の行動方針から選定するものではない。将来の変化を含め実行可能な「無数の行動方針」の中から唯一の解答を見つけるものである。このため、時間は想像以上にかかる。

幕僚の役割が過大である

第三の問題点は、この意思決定法では、幕僚は長時間、しかも無駄な労力を費やすことになる。幕僚は情報を収集し、多数の行動方針を考え出す。そして、ウォー・ゲームで各行動方針を分析し、比較する。比較の結果、幕僚なりの結論に到達したら、指揮官の「御出《おい》で」を待つ。やおら指揮官が現れ、多数の行動方針の利点と欠点、そして比較の結果について幕僚から報告を受ける。報告を受けた指揮官は、幕僚が示した行動方針から一つを選び出す。そして、指揮官が選んだ最良の行動方針にもとづき、幕僚が作戦計画を策定する。この方法だと、採用されない行動方針について、幕僚は長時間、無駄な検討をしてきたことになる。

最後の問題点も、指揮官と幕僚の役割に関するものである。それは、指揮官の意思決定の良し悪しは、幕僚の能力に大きく依存することになるということだ。

ウォー・ゲームで各行動方針を分析するのも、その主役は指揮官ではなく、幕僚である。というのは、効果的なウォー・ゲームは、幕僚たちの専門的な見識、すなわち各指揮下部隊のさまざまな能力を把握し、その能力を統合一体化する見識に左右されるからである。

また、指揮官は、最良の行動方針を選定するため、専門的な知識を持った幕僚の支援を必要とする。情報幕僚は、情報を収集し、敵の採る方法や手段を絞り込む作業を任されている。複数の行動方針を考え出す役割は、作戦幕僚が担っている。要するに、「分析的意思決定法」においては、幕僚が支配的役割を演じる。そして、指揮官の役割はしばしば限定的・付随的なものになる（付図５　分析的意思決定法と直観的意思決定法の相違）。

分析的意思決定法と直観的意思決定法の相違

分析的意思決定法 ←		→ 直観的意思決定法
長時間	**時間の余裕**	短時間
経験浅い	**指揮官の経験**	経験豊か
関与度 小	**指揮官の関与**	関与度 大
訓練・経験度 大	**幕僚の訓練・経験**	訓練・経験度 小
関与度 大	**幕僚の関与**	関与度 小

付図５　分析的意思決定法と直観的意思決定法の相違（出所：U.S.Army.Field Manual 6-0 Mission Command：Command and Control of Army Forces,2003）

このような問題点があるにもかかわらず、米軍は作戦開始前の「分析的意思決定法」の習得を、50年近く将校教育の中心にすえてきた。意思決定法に変革が来るのは、ボイド空軍大佐の英知と情報化社会の到来を待たなければならなかったのである。

5章　ボイドのループ型軍事意思決定論

【5章のポイント】

「戦争を戦うのは、機械でも、地形でもない。人間が戦争を戦うのだ。したがって、人間の心（マインド）の中に入り込むこと、ここに戦いの勝ち目がある」

これは、情報化時代の軍事戦略家ジョン・ボイド大佐の言葉である。大佐は1987年、「人間の心」に焦点を当てた軍事理論を発表し、世に問うた。それが「OODAループ意思決定論」である。

ボイドは、戦闘機のパイロットが「観察（Observation）」「状況判断（Orientation）」「決定（Decision）」「行動（Action）」の4活動を継続的に何回も繰り返し、意思を決定することに着目し、これを「OODAループ」と呼んだ。そしてこのOODAループを速く回転させれば、敵部隊や武装勢力の精神的交戦能力を著しく低下させることができると考えたのである。

米国の軍事指導者たちは90年代に入るまで（そして自衛隊は現在も）、軍事意思決定法は軍隊の物的交戦能力を効果的に発揮するための手段であり、その目標は「最良の行動方針」を選定することにあると考えていた。しかし、ボイドの意思決定論はこの考え方を一変させてしまった。大佐は、交戦能力を発揮する手段としての意思決定法ではなく、意思決定法そのものが強力な交戦能力となることを説いた。つまり、こちらの意思決定過程のあり方が相手の意思に直接的影響を及ぼすというのだ。

「OODAループ意思決定論」に共鳴した米国海兵隊の指導者たちは、早くも80年代末、この理論にもとづいて海兵隊の大改革に乗り出した。90年代後半になると、「OODAループ意思決定論」は米陸・海・空軍の意思決定法にも変革をもたらし、アフガン作戦や「衝撃と恐怖」作戦（イラク戦争）、さらには対テロ作戦の作戦ドクトリンとなった。

それだけではない。「OODAループ意思決定論」はビジネス界にも大きな影響を及ぼし、新しいビジネス・モデルを確立した。ジョージ・スターク、トム・ピーターズ、チェスタ・リチャード等、米国の著名な経営学者の説く「タイム・ベース競争戦略」がそれである。

本章では、「OODAループ意思決定論」を理解するため、OODAループを構成する各活動について説明しよう。説明にあたっては、これまで取り上げてきた「全般作戦計画型の分析的意思決定法」との違いを鮮明にしたい。そしてその後に、ボイド理論の背景と狙いについて考えてみよう。

1　OODAループとは何か

Observation（観察）

全般作戦計画を策定するための「分析的意思決定法」では、「任務の分析」が基礎となった。しかし、敵機との空中戦に挑むパイロットには、「任務の分析」は重要な考慮事項ではない。すでに、地上で検討し終わって、飛び上がっている。今、彼にとって重要なことは敵機を撃墜すること、ただそれだけである。そのためには、監視・観察によって、敵よりも早く、正確に敵機の位置・飛行方向・飛行速度を把握す

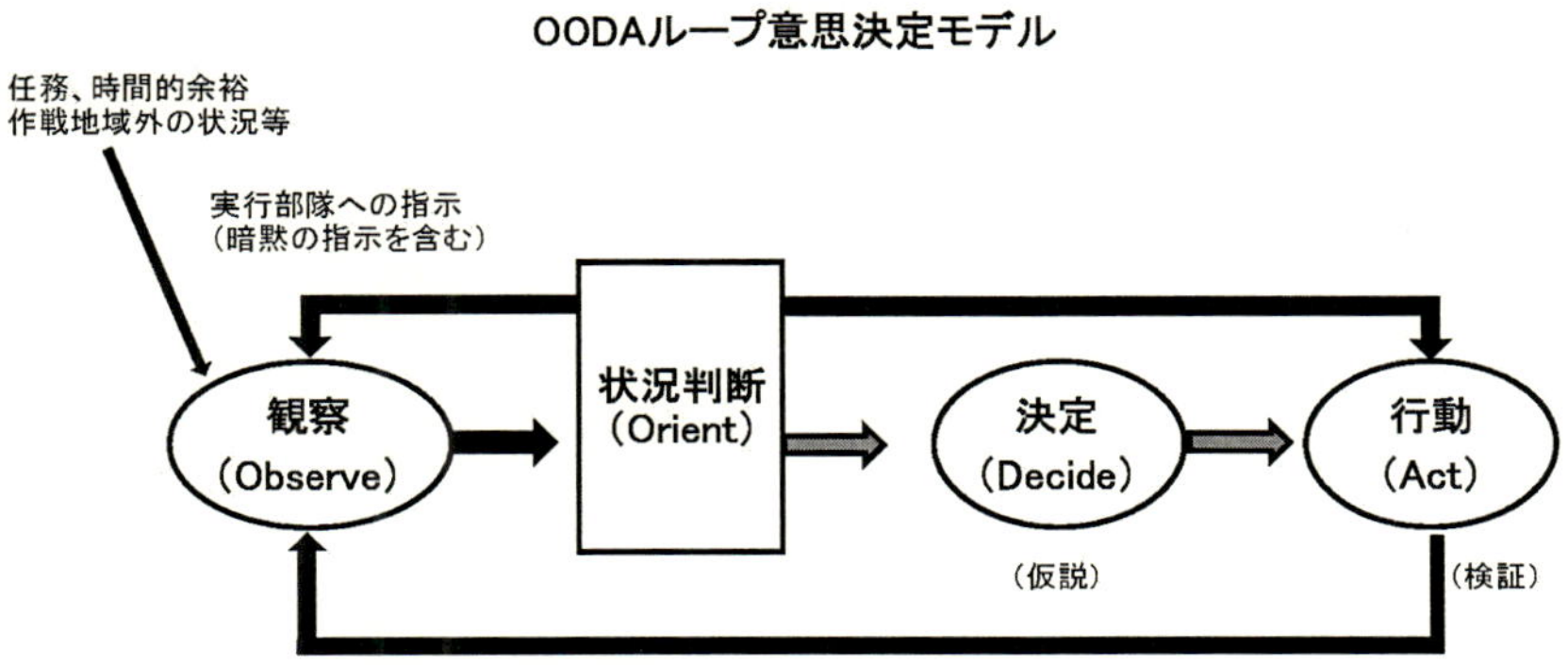

付図６　OODAループ軍事意思決定モデル

ることである。

ボイドによると、部隊指揮官の意思決定過程には、パイロットの意思決定過程と同じように「Observation（観察）」という段階がある。「観察」とは、情報を収集・処理・評価することをいう(付図6　OODAループ意思決定モデル)。

指揮官は「観察」を効果的に実施するため「最重要指揮官情報要求（CCIR：Commander's Critical Information Requirements）」を指定し、それを明示する。CCIRとは、指揮官が行動方針を決定するために必要とする情報のうち、最も優先度の高いものをいう。採用公算の高い敵対勢力（敵部隊や武装勢力）の行動に関する情報、敵対勢力の奇襲に関する情報、わが部隊が乗じ得る敵対勢力の弱点に関する情報等がCCIRとして指定される。それは極めて厳選されたもので、米軍はその数を10個以内に限定している。

CCIRは、指揮官に上がってくる情報を篩《ふるい》にかける役割がある。また、幕僚や部下部隊の情報収集努力の焦点を定めたり、収集・処理手段を配分したりすることを容易にする。

指揮官はCCIRを決定・明示したなら、その「実行」を監督・指導する。「実行」するのは、部下部隊、情報専門部隊、それに彼の幕僚である。彼らはCCIRにもとづいて「データ」を収集・伝達し、「情報資料」および「知識」情報を作成するが、指揮官はそれら業務を監督・指導するのである。特に大事なのが幕僚の行う「知識」情報の作成に対する監督・指導である。

幕僚は、「情報資料」が正しいものなのか、CCIRに合った有益なものなのかを評価する。次いで、評価した「情報資料」をもとに、作戦地域で起こっているその他のことと関連づけたり、推定したりして「知識」に転換する。

Orientation（状況判断）

(1) Orientationとは何か

指揮官は「知識」情報の作成を監督・指導したら、自ら「理解」情報の作成に移る。「Orientation（状況判断）」の始まりである。ボイドの言う「状況判断」とは、状況とその変化に適応した「妥当な行動方針（方向性）」を見出すため、考えを巡らすことである。

「Orientation（状況判断）」は、「分析的意思決定法」の「Estimate（見積り）」とは大変な違いがある。「Estimate（見積り）」では、「知識」と「理解」を区別せず、「状況の把握」とした。つまり、幕僚は本業の「知識」の作成だけでなく、「理解」（予測と判断を伴う情報）までも作成を要求されたのである。

また、「Estimate（見積り）」では、「行動方針の比較」という段階があったが、「Orientation（状況判断）」では存在しない。複数の行動方針を列挙し、優劣をつける「Estimate（見積り）」に対して、「Orientation（状況判断）」では、頭に最初に閃いた行動方針が「妥当なものであるかどうか」を検討する。

パイロットは自ら、「観察」で得た情報をもとに予測し、判断しなくてはならない。幕僚はいない。しかも、すべての行動方針（少なくとも十数通りある）を考え出し、それを比較して優劣をつける時間の余裕などない。したがって、「分析的意思決定法」を採用するわけにはいかない。直観で判断するのだ。

パイロットの判断すべき事項は、「当初の行動方針を引き続き実行すべきか」、それとも「当初の行動方針を修正・変更すべきか」、もし修正・変更するなら「どのような新行動方針が妥当なものであるか」ということになる。このため、パイロットは頭に最初に浮かんだ行動方針をビジュアル化する。空中戦の場合、通常、敵機の後方に回り込むための行動方針を考える。最初にビジュアル化した行動方針では、敵機の後方に回り込めないことが分かると、再度、敵機を「観察」し、別の行動方針を考える。後方に回り込めそうにない場合には、空中戦から離脱する行動方針をビジュアル化することになるかもしれない。

パイロットと同じように、時間のない部隊指揮官の意思決定は、最初に閃いた行動方針を単独で決める。直観で、しかも幕僚の意見を聞くことなく、行動方針を一つだけ決めるのだ。

その方法は、まず、「観察」で得た情報をもとに「何が達成可能か」「次に何が予想されるか」「どのような行動が妥当か」を判断する。次に、これら「理解」情報をもとに、地形・気象・住民という土俵の上に味方と相手の行動を頭の中で対抗させる。そして作戦の推移と様相をビジュアル化する。作戦のビジュアル化によって「状況に適応した行動かどうか」が明らかになる。

最初に閃いた行動方針が状況に適応しないことが分かったら、別の行動方針を検討する。したがって、経験や学習を積んだ指揮官の「状況判断」に要する時間は、考えられる複数の行動方針を分析・比較する「見積り」よりもはるかに短い。

（2）Orientationの重要性

全般作戦計画を策定するための意思決定法では、「任務の分析」と「決定」が最も重要であった。しかし、作戦開始後の意思決定法では、「状況判断」が最も重要な段階であり、しかも難しい、とボイドは指摘する。

「状況判断」が最も重要な理由は、「状況判断」が次の「決定」段階だけでなく、OODAループの「観察」や「行動」の段階にも大きな影響を与えることである。「状況判断」の山場である作戦のビジュアル化に際し、情報が曖昧なら、「この情報はもう少し詳しく調べてみる必要がある」とか、「他の情報収集手段で調べてみよう」とか考える。つまり、再度、「観察」をやりなおすことになる。

「行動」段階への影響はどうであろうか。ボイドの言う「行動（Action）」とは、「実行（Execution）」とは異なる。部下が指揮官の決定した行動方針を実施することを「実行」という。これに対して「行動」とは、指揮官が部下の「実行」を監督・指導・評価することである。

パイロットには、「決定」といった段階は理論上存在するが、実質上は存在しない。最初に閃いた行動方針で操縦桿を動かすことが通常である。同様に、作戦開始後においては、指揮官は「決定」段階に留意しないことが多い。通常、指揮官は脳裏に最初に閃いた行動方針で、部下は直ちに反応し、少なくとも「実行」に移る心構えを持ってほしいと思う。情報を共有できるなら、それは可能だ。

指揮官は、ビジュアル化した作戦の推移と様相を部下と共有するなら、意図する行動方針を彼らへ以心伝心で伝えることができる。つまり、「決定」段階といった「儀式」を経ることなく、部下が「阿吽《あうん》の呼吸」で「実行」段階に移ることも大いにありうるのだ。したがって、指揮官は、命令を下達することなく、部下の実行状況を監督・指導・評価する段階、すなわち「行動」段階に入る。

独断専行が良い例だ。上司の考えが分かっているなら、上司が決心する前に「実行」して、褒められることはよくある。「実行」段階は実施準備と実施に区分されるが、慎重な部下でも、実施準備には取り掛かるのが普通である。この場合には、上司は部下の「実行」開始後に「決定」を意味する命令を出すことになる。そのような命令は「記録」としての意味しかない。

(3) Orientationの困難性

「状況判断」が難しい理由として、ボイドは次のように指摘する。

作戦のビジュアル化のもとになる「理解」情報は、決して完全なものではない。「戦場の霧」が作戦地域を覆い、必要な「知識」情報が入手できていないかもしれない。入手できたとしても、不確定事項、すなわち曖昧な内容、混乱した内容、矛盾する内容、とっぴな内容、そして予測できない内容が多数含まれているであろう。敵部隊や武装勢力による偽情報の流布も当然ありうる。さらには、指揮官の判断は、持って生まれた感性、過去の経験、文化・風土等によってバイアスされやすい。

したがって、指揮官は、実際の状況とは異なる「理解」情報を創造しやすいのだ。「理解」が真実とかけ離れれば、それだけ誤ったビジュアル化となり、行動方針の妥当性は失われる。

Decision（決定）

「分析的意思決定法」では、複数の行動方針を比較して出した幕僚の「結論」を、指揮官が承認して、「権威付ける」ことが「決定」の核心であった。その際、幕僚の「結論」を突き返したり、保留したりすることも、指揮官はできた。それは「部隊が行動を起こす時期を遅らす」という決断の表明でもある。したがって、「決定」段階は実質的な意義を持っており、「見積り」段階との差異も明白である。また、「分析的意思決定法」では、意思決定の最後に命令の作成・下達という明白な業務があり、「実行」段階とも一線を画している。

一方、空中戦におけるパイロットの思考過程では、「決定(Decision)」段階の実質的意義は極めて薄弱である。前述したように、「状況判断」との区別が明白でない。パイロットは最初に閃いた行動方針ですぐ操縦桿を動かす。すなわち、仮決定で「行動」段階に入るのだ。加えて、パイロットには、命令の作成・下達という業務はない。したがって、パイロットの意思決定過程では、「決定」と「行動」の区別も難しい。

作戦が開始された後における指揮官の「決定」を見てみよう。作戦開始後には、パイロットの意思決定と同じように、時間的余裕のない意思決定がほとんどである。したがって、指揮官は自ら判断し、自ら「決定」し、速やかに部下に「実行」させ、自らは「行動」に移る。つまり、指揮官は、幕僚の「結論」を突き返すこともなく、承認を保留することもない。自分が決断すると、命令の作成・下達を後回しにしても、即刻、部下がイニシアチブを発揮し、「実行」に移ることを望む。少なくとも、実施準備に取り掛かってほしい。

要するに、作戦開始後の意思決定のような時間的に余裕のない場合は、「決定」段階は実質的な意味を有さない。「権威付け」のための「決定」など、無意味だとボイドは考える。

Action（行動）

「全般作戦計画型の分析的意思決定法」では、指揮官が行動方針を承認し、命令を作成・下達したら、意思決定過程は終了である。しかし、パイロットの意思決定は「決定」段階では終わらない。「行動（Action）」段階も含まれる。ここでいう「行動」とは、「実行（Execution）」と異なることは前にもふれた。

パイロットはある行動方針を決断したら、自ら描いたイメージに沿って操縦桿を動かし、その行動方針を「実行」する。そして、「実行」間に起こる変化を「観察」し、「状況判断」を行って次の「決定」に反映させる。

具体的にいうなら、パイロットは最初に閃いた行動方針で操縦桿を動かし、自機の態勢を「確認・評価」しながら射撃態勢に持っていかなくてはならない。敵機の後方に回り込むのだ。そして敵機を照準線上に捉え、機関砲やミサイルを発射する。しかしながら、後方に回り込めないかもしれない。後方に回り込んだとしても、射撃態勢に入れるとは限らない。また、射撃しても命中しないこともあろう。

そのような場合には、当初の行動を修正・変更しなければならない。修正・変更のため、再び、敵機を「観察」する。こうしたサイクルを何回も繰り返しながら、いずれかが撃墜されるか、離脱するまでドッグ・ファイトは続く。

ボイドの意思決定論では、パイロットの意思決定過程がそうであるように、指揮官の意思決定過程に「行動」段階が含まれる。すなわち、部下が命令に従って実行する様子を監督・指導・評価する、このことを含むのである。

実施準備間は、「部下が自分の作戦イメージを共有しているかどうか」を確認し、助言・指導する。つまり、指揮官は、与えた任務、自分の意図、自分の描く作戦様相と作戦推移を「部下が理解しているかどうか」チェックするのだ。

一方、行動命令を受領した部下の方は、与えられた任務を遂行するため情報を収集・処理・評価し、自らの作戦をビジュアル化し、行動方針を決め、関連部隊と調整する。さらに下級部隊に命令を付与し、展開する。リハーサルも行わなければならない。

実施準備が整い、部下部隊が動き出したなら、指揮官は部下部隊の実施状況を確認し、助言・指導・評価する。このため、部下指揮官に戦況について報告をさせたり、自ら視察したりする。この際、自分のイメージと現実の戦況との間に相違があれば、決定した行動方針を積極的に修正・変更する。行動方針の機敏な修正・変更がボイドの意思決定論の特色である。

工業化時代には、戦いの「勢い」を持続・増大させることが重視されたため、「決定」した行動方針を修正・変更することは推奨されなかった。ひとたび行動を開始した部隊には、自然発生的に「勢い」というものが生じてくる。この「勢い」は戦いの勝敗を決定する一要因となる。したがって、「指揮官は当初の決定をやたらに修正・変更すべきではない」と戦略家たちは説いてきた。決定したことを修正・変更すれば、部隊の「勢い」は低下する。

情報化時代の作戦では、圧倒的力で押し捲るのではなく、脅威や障害に機敏に対処したり、好機を捉えたりすることが強調される。そのためには、決定した事項を適宜修正・変更することをためらってはならない。ボイドの息がかかった米海兵隊は「敵と闘え、計画と戦うな」とよく言う。既存の計画に固執してはならないということである。

ループ型思考過程

ボイドの意思決定論は空中戦を演じるときのパイロットのように、「ループ型思考過程」である。それは、工業化時代の意思決定論のような「直線・一方向型思考過程」ではない。

前述したように、直線・一方向型の思考過程は「任務の理解」で始まり、「決定」で完了する。「実行」段階の指揮官の役割である監督・指導・評価は含まれない。指揮官の「決定」事項を部下が実行に移すと、新しい状況が生まれるが、その新しい状況については考慮されない。野球のイニングやボクシングのラウンドのように、一回戦が終了すれば、それで「仕切り直し」である。次の戦いには、気持ちを切り替えて臨むことになる。

一方、ループ型思考過程は、「指揮官の決定にもとづく行動が、次の決定のための環境を用意している」と考える。だからこそ、「実行」段階における指揮官の監督・指導・評価、すなわち「行動」が意思決定過程に組み込まれているのである。

行動方針を実行に移したことによって起こる新たな展開をもとに、新しい行動方針を決定する。このために、再び「観察」段階に入る。つまり、ビジネスでいう「仮説・検証（または学習）型」の意思決定法である。

2　OODAループ意思決定論の背景

F-86戦闘機の機械構造的優位

ジョン・ボイド大佐の「OODAループ意思決定論」は、朝鮮戦争における彼の経験にその端を発する。この戦争で、F-86ジェット戦闘機のパイロットとして、ボイドはMiG-15と何度となく空中戦を演じた。ソ連製のMiG-15は、機動性をはじめ、多くの性能分野でF-86よりも優れていた。にもかかわらず、F-86の対MiG撃墜率は1対10という驚異的なものであったのだ。

F-86の勝因について、「戦いの主役はあくまで人間である」と確信するボイドは、当初「米空軍のパイロットがよく訓練されていたからだ」と簡単に考えていた。したがって、20年後、米空軍の次期主力戦闘機を開発するにあたって、高度な訓練を積んだ米軍パイロットが機動性に優れた戦闘機を操縦すれば、「鬼に金棒」だ、と彼は主張した。その結果、F-15、F-16といった機動性（Maneuverability）に富んだ戦闘機が誕生したのである。機動性とは、飛行状態を「大きく変更する能力」のことをいい、旋回能力、加速能力、上昇能力等を指す。

しかし、ボイドは、調査・研究を重ねた末、F-86の持つ二つの構造的優位性が決定的な勝因だと結論するに至った。第一の勝因は、MiG-15に比して、F-86はパイロットの視界が広く、敵機を観察しやすいことである。F-86の風防はドーム型で、360度見渡すことができるのに対して、MiG-15は流線型で、後方が見えない。その上、MiG-15のコックピットは狭く、窮屈であった。つまり、MiG-15のパイロットは、F-86の飛行位置や態勢を観察しにくく、しかもフラストレーションを抱きやすかったのである。

第二の勝因は、F-86は操縦桿の操作が軽いため、方向変換が迅速かつ容易で、したがって小回りがきくことである。F-86の翼の操作は油圧を利用していたので、パイロットは指一本で操縦桿を動かすことができた。MiG-15のいかなる変化にも、迅速に対応できる機敏性（Agility）を保有していたのである。一方、MiG-15は、機動性、特に旋回能力に卓越していたが、翼の操作は油圧方式ではなかった。したがって操縦桿の操作が重く、小さな方向変換が極めて難しかった。その上、操縦桿が重いため、空中戦が続くと、MiG-15のパイロットは肉体的にも極度に疲労した。

精神的機敏性

これら二つの機械構造的特性から、ボイドはさらに、変化に対応できるパイロットの精神状態、すなわち「精神的機敏性の保持」が重要であることに気付いた。機動性に優れた戦闘機のパイロットは容易に敵機の後方に位置することができるかもしれない。しかし、そのパイロットは小回りがきくきるかもしれない。しかし、そのパイロットは小回りがきく相手機に対して極度の苛立ちを感じやすい。後方に回り込んだ側が相手機に照準をあわせようとしても、相手機は機敏な飛行を繰り返すため、漫画に出てくる「トムとジェリー」のペルシャ猫のように、「いらいら」を抑えることができないのだ。

パイロットは自らの予測に確信がもてなくなり、恐怖心にさいなまれる。この結果、平常心を保つことができず、精神的機敏性を失ってしまう。精神的機敏性に欠けたパイロットは、次々とミスを犯してしまう。一方、精神的機敏性に優るパイロットは、このミスを見逃さないで攻撃に転ずることができる。

要するに、パイロットの「精神的機敏性の保持」こそが、物理的な機動性よりも空中戦の勝敗を決めることを、ボイドは洞察したのである。かくして、ボイドは再び「戦いの主役は人間である」という信条に返ったのだ。

さらに、ボイドは、古今東西の戦史を研究し、次のような共通点を見出した。それは、兵力で劣勢な軍隊が優勢な軍隊を破ったすべての戦例において、正面衝突は起こっていないということである。劣勢軍は巧みに「消耗戦」を避けた。そして、欺瞞行動、急襲、弱点攻撃を仕掛けることによって、優勢軍を混乱させ、その指揮官から精神的機敏性を奪ってしまうのが常であった。

地上戦における、精神的機敏性の決定的役割を知ったボイドは、１９８７年、人間の心に焦点を当てた軍事理論を発表した。これが「ＯＯＤＡループ意思決定論」の背景である。

3　ボイドの戦略

機動戦とは何か

戦争の目的は一方の意思を相手に強制することにある。この目的を達成するため、米軍は長い間、「消耗戦（Attrition Warfare）」を軍事戦略の中心に置いてきた。大量の火力、例えば戦車砲、火砲、ミサイル、爆弾などを集中して、敵の将兵、装備、軍事施設といった「物的な交戦能力」を殺傷し、破壊する戦略である。

これに対して、「精神的な交戦能力」、例えば意思決定能力、士気や団結心等の消滅を狙う戦いを「機動戦（Maneuver Warfare）」という。物的交戦能力を活性化させる無形の力が消滅すれば、将兵や装備は無傷でも、部隊は「烏合の衆」と化し、戦えない状態になる。精神的な交戦機能が働かなくなれば、戦闘を交えることなく、敵はわが意思に従うだろう。

機動戦といえば、「大平原を戦車部隊が突進し、有利な位置や態勢を占めた後に戦車砲で敵の戦車や陣地を破壊する」、そういう戦いをイメージするかもしれない。しかし、このイメージは「機動力を発揮した消耗戦」の範疇に入る。このような誤解を避けるため、機動戦のことを「ショック戦」「麻痺戦」という軍事専門家も多い。

ボイドの戦略は工業化時代のように消耗戦を狙ったものではない。ボイド戦略の目標は敵の「状況に適応する精神的な能力」を破砕することである。つまり、機動戦方式を考えている。ボイドは機動戦のモデルをヒトラーの「電撃戦戦略」に求めた。第二次世界大戦で、ヒトラーは戦車と自動車化歩兵部隊それに急降下爆撃機を一体的に運用して、敵の指揮機能を麻痺させる「電撃戦戦略」をとった。

「電撃戦戦略」では、ドイツ軍はまず、急降下爆撃機に支援された戦車を集中的に使用するとともに、突破正面を狭い地域に限定し、迅速に突破口を形成する。たとえ「きりの穴」のような小さな突破口でも、それが開いたなら、突破口を「拡大」することなく、戦車と自動車化歩兵部隊がその突破口から、防御部隊の後方奥深い目標に向けて「脇目もふらず」突進するのである。もちろん、急降下爆撃機がその突進を密接に支援する。

このドイツ軍の突進はフランス軍の「殺傷・破壊」を狙ったものではない。フランス軍陣地の後方にいる将兵に恐怖心を起こさせ、うろたえさせ、混乱させるために突進したのである。攻撃目標はフランス軍の指揮機関である。その結果、フランス軍陣地のはるか後方が「ドイツ軍戦車部隊に蹂躙されている」という噂が針小棒大に広がり、手のつけようもないパニック状態が前線にまで及び、その交戦意思が消滅したのである。

これは革命的な軍隊の運用法であった。従来の運用法は、大砲と戦車砲に支援された歩兵部隊が突破口を形成し、その突破口を「拡大」して、逐次前線を押し進めるものであった。したがって、攻撃目標は前線に張り付いた敵部隊である。つまり、前線の敵を「殺傷・破壊」することが最も優先されたのだ。

というのは、突破口を「拡大」しなければ、時間の経過とともに、突破口周辺の敵部隊や前線の後方に位置する敵予備隊が投入されて、突破口が塞がれてしまう。突破口を塞がれると、陣内に入り込んだ攻撃部隊は孤立し、「袋のねずみ」となる。しかも、陣内奥深く入り込んだ攻撃部隊は、大砲の弾が届かないからその支援を得ることができず、防御部隊の

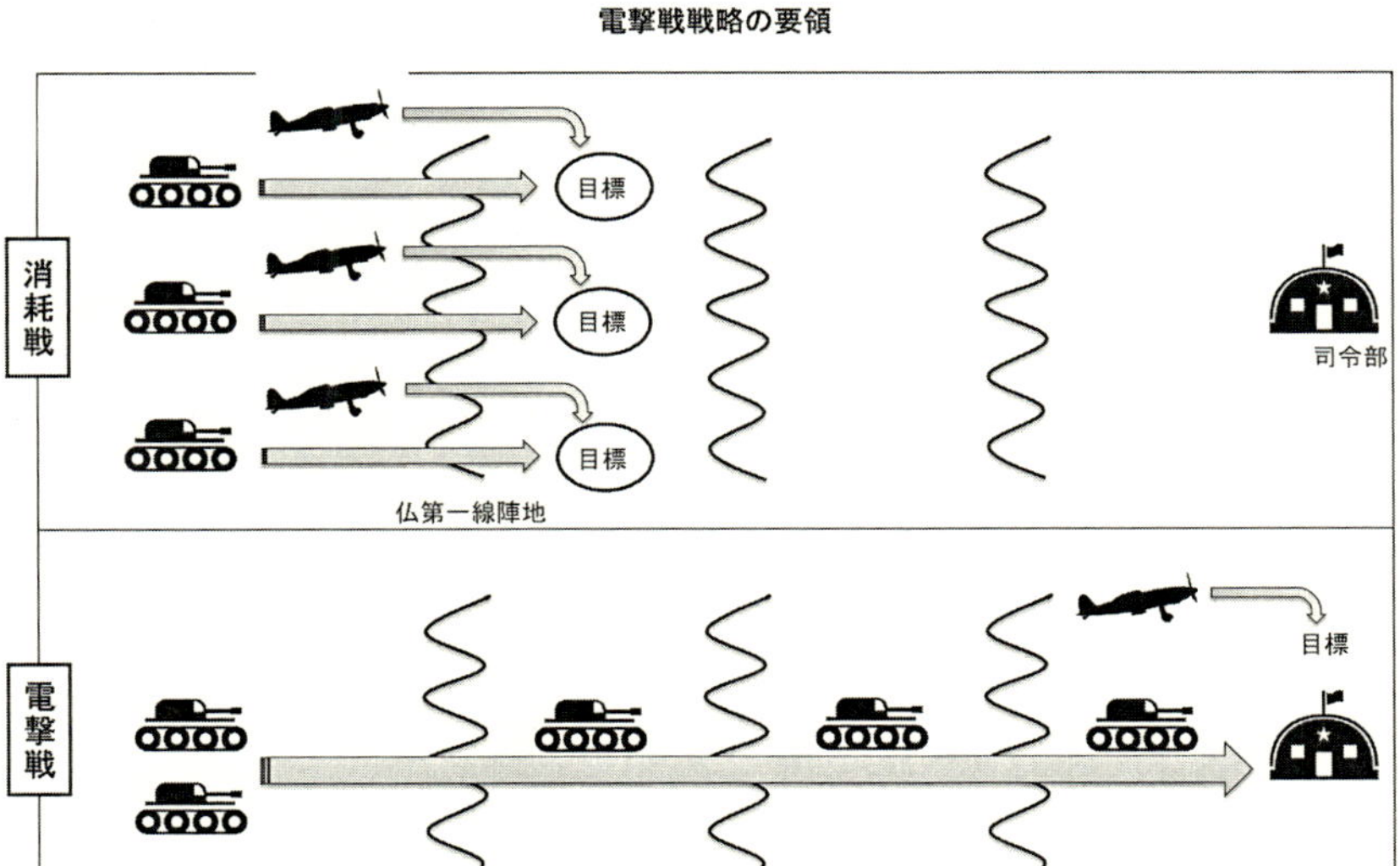

付図７　電撃戦戦略の要領（出所：中村好寿著『軍事革命（RMA）』中公新書、2001年）

逆襲にあい、撃滅されるであろう。したがって、狭い突破口から突入し、周辺の防御部隊は歯牙にもかけず、ただ相手の陣内奥深く突進することは危険極まりない作戦である、と考えられていたのだ（付図7　電撃戦戦略の要領）。

ボイドの唱える機動戦戦略は、「電撃戦戦略」のように、本格的な戦闘に入る前に敵指揮官の精神状態を混乱させ、そして錯乱状態に陥れるものだ。「精神的麻痺状態に引き続き、火力による敵部隊の殺傷・破壊が起こるかもしれないが、殺傷・破壊自体は決して目標ではない」とボイドは言う。

精神的交戦能力の破砕と「戦争以外の軍事行動（MOOTW）」

敵の精神状態を不安定なものにし、その後に戦闘に持ち込むという考えは、クラウゼヴィッツの『戦争論』と根本的に異なり、『孫子の兵法』や宮本武蔵の『五輪書』に出てくる。実際、ボイドはクラウゼヴィッツを批判し、孫子や宮本武蔵をしばしば引用している。

クラウゼヴィッツは戦闘至上主義者として有名である。敵の物的交戦力を殺傷・破壊することを、彼は目標に掲げる。このため、彼は敵部隊との「決定的戦闘」を推奨する。一方、孫子は、本格的な戦闘に至らないうちに、敵軍を瓦解させようとする。『孫子の兵法』には、「あらゆる戦闘で勝利を収める者は熟達した用兵家とはいえない。闘わずして敵を屈服させるのが最善の用兵家である」と書かれている。また、宮本武蔵は刀によって闘う前に、精神的に相手を破るべきだと説いている。

ボイドはさらに、戦争だけでなく、テロのような抗争・対立にも機動戦の考え方を適用するよう1980年代から唱えていた。彼は、将来、テロ攻撃のように小部隊の細胞組織で戦う「第四世代の戦い（4GW：Fourth Generation Warfare）」が多発すると予測する。

「第一世代の戦い（1GW）」は、小銃と銃剣で武装した歩兵集団が横一線で前進する戦いで、ナポレオンの戦争や米国の南北戦争に見られた。「第二世代の戦い（2GW）」は火力主体の消耗戦で、両次世界大戦がこれにあたる。「第三世代の戦い（3GW）」は機動戦で、ドイツ軍の電撃戦で始まり、冷戦時代のソ連軍が考えていた戦争方式である。

「第四世代の戦い」では、相手に心理的インパクトを与えることが重要である、とボイドは説いた。心理的インパクトを与え、テロリストのような細胞組織の「精神的絆」を断ち切るのだ。そのため、軍事行動は政治的・経済的・社会的（宗教的）行動と密接に調整するとともに、相手の恐怖心・不確実性・相互不信を煽らなくてはならない、と。

問題は、相手の精神的交戦能力を破砕する方法である。たしかに、「電撃戦」のように、前線の敵部隊と戦闘を交えることなく、敵の中枢部である指揮・通信施設を破壊する方法は有効かもしれない。しかし、「第四世代の戦い」のように中枢部となる指揮・通信施設がない武装勢力に対してどう戦うべきか。その解答を、ボイドはF-86とMiG-15のパイロットの「心と心の格闘」に見出したのである。

作戦テンポと不確実性

パイロットとしての自らの経験と、過去の戦略思想に関する研究から、ボイドは「作戦テンポ」と「不確実性」の関係に着目し、次のように説く。作戦テンポが速いと、不確定事項（曖昧な事項、矛盾した事項、混乱した事項、予測できない事項）に対処しやすい。反対に、作戦テンポが遅いと、不確定事項に対処し難い、と。

ここでいう作戦テンポとは、「OODAループ」の回転速度のことをいう。「作戦テンポが速い」ということは、ループ内における一方の側の段階が他方の段階より先に進んでいることを指す。例えば、両者が一つの状況を同時に「観察」しても、一方は素早く回転して「行動」段階にあるが、他方はいまだ「状況判断」段階にある場合である。

また、「作戦テンポが速い」ということは、ループを一周する時間が短いことだけでなく、次のループに移行する時間も短いことでもある。迅速にループを一周しても、一周し終わった時点で、回転を停止したり、ブレーキをかけたりしたのでは、「作戦テンポが速い」ことにはならない。

作戦テンポが速いと、なぜ、不確定事項に対処しやすいのであろうか。この関連性の発見こそが、ボイド大佐の鋭い洞察力の賜物である。そして、この発見こそが米陸・海・空軍と海兵隊を「軍事革命（RMA）」に駆り立てているといえよう。

たしかに、作戦テンポが速いなら、短時間のうちに状況に適応する新しい手を次々と打てる。つまり、機敏性が高まる。ビジネスに例えれば、作戦テンポは経営テンポにあたる。企画から生産・販売までの時間が短いなら、迅速に顧客のニーズにあった品物を届けることができる。もしニーズが急激に変化しても、経営テンポが速いと、変化に応じた新品種を次々と企画し、生産・販売することができる。

機敏性が高いなら、短期的な予測にもとづいた行動が可能である。小刻みな予測なら、それだけ不確定事項、すなわち予測できない事項は少なくなる。反対に、作戦テンポが遅い、すなわち作戦が鈍重なら、長期的な予測にもとづいて行動しなくてはならない。敵や武装勢力に関する長期的な予測なら、不確定事項が多く、予測が立たないだろう。

さらに、作戦テンポが速い側は、たとえ誤った情報や曖昧な情報にもとづいて行動したとしても、正しい情報、明白な情報を入手しだい、修正・変更することができる。言い換えれば、不確実な脅威に晒されても、その脅威が切迫して脅威の実態が分かってからでも対応できる。プロ野球の名打者はボールを「十分引き付ける」ことによってボールの軌跡を正確に予測し、シャープにバットを振る。したがって、いかなる「くせ球」でも、これをヒットにすることができる。

速い作戦テンポと奇襲

ボイド大佐によれば、戦争にしろ、戦争に至らない抗争や対立にしろ、敵対する両者のうちで「ＯＯＤＡループ」の回転の速い方が闘争に勝つという。なぜであろうか。

作戦テンポが速い側は、それだけ奇襲しやすく、しかも奇襲され難いからである。まず、奇襲しやすい理由から説明しよう。

作戦テンポが速ければ、すなわち機敏性が高いなら、好機を捉えて行動に出て、「対応する暇のない状態」に相手を陥れることができる。「好機を捉える行動」とは、計画策定段階で想定していない有利な状況が生まれるか、ないしは生まれそうなとき、その状況を活用する行動のことをいう。敵の弱点を発見して、直ちに打撃開始ができるなら、敵が弱点を補強し終わらないうちに打撃することができる。好機を捉えるためには、有利な状況の到来を虎視眈々と狙うとともに、「今だ」と思ったら、瞬時に決断し、迅速に打撃することが必要である。作戦テンポが速ければ、相手は対応する暇がなく、奇襲に成功するだろう。

次に、奇襲されにくい理由はどうだろうか。「奇襲される」とは、予測できない状況または対応の暇のない状況によって、精神的機敏性が低下させられることをいう。作戦テンポが速い側は、前述したように、短期的な予測にもとづいた行動が可能であるから、不確定事項に対処しやすい。すなわち、予測していない事態にも計画や行動を簡単に修正・変更できる。つまり、奇襲対処が容易である。

遅い作戦テンポと奇襲

一方、作戦テンポの遅い側は、奇襲をかけてもなかなか成功しないし、しかも奇襲されやすい。まず、奇襲が難しくなる理由から見てみよう。

作戦テンポが遅いということは、情報入手後、方策の決定に時間をとられ、行動開始にもたつき、しかも打撃にも時間がかかることを意味する。したがって、正確な情報にもとづいた予測でも、時間が経てば、状況が変化し、予測に反する事態が起こる可能性が大いにありうる。例えば、作戦地域における気象が変化してしまっているかもしれない。また、相手はどこかに移動して新たな対抗策を講じているかもしれない。さらには、味方部隊の一部が前面に急に飛び出し、友軍誤爆や誤射が起こることもあろう。つまり、時間がたつにつれて、確実な情報も不確実な情報になり、奇襲は成功しなくなる。

次に、「なぜテンポの遅い側は奇襲されやすいのか」を検討しよう。テンポの遅い側は長期的予測にもとづいて決心し、行動しなければならないので、「あれもこれも想定外」となる可能性がある。しかも、簡単には計画や行動を修正・変更することができず、状況の急変についていけない。「分かっていても、どうしようもない」ということになる。つまり、奇襲されてしまう。

加えて、鈍重な「状況判断」「決心」「行動」なら、十分に「観察」する時間的余裕がない。「少しでも早く情報を入手し、とるべき方策を決め、行動に移らなければ間に合わない」と焦る。したがって、曖昧な情報、混乱した情報、矛盾した情報をもとに判断することになる。不確定事項を少なくするため、フィードバックして再度「観察」をし直したいと思うが、時間的余裕などない。時間がないと、状況の変化に迅速に適応する判断能力が低下する。誰でも、時間がないと、「いらいら」するものだ。この「いらいら」がこうじれば、瞬間的対応策や的確な対応策を考え出すことは難しい。すなわち「精神的機敏性」を失ってしまうのである。

「精神的機敏性」を失ってしまうと、完全に騙されたわけでもないのに、「しまった、騙された」とパニック状態になったり、大きな弱点でもないのに、「まずい、痛いところを突かれた」という恐怖感に襲われたりする。つまり、奇襲されるのである。

クラウゼヴィッツを超えて

クラウゼヴィッツは、わが方の「摩擦」をなくすために不確定事項をなくすことを説いたが、相手の作戦に不確定事項を意図的に起こさせることは考えていなかったようである。いわんや、作戦テンポを相手よりも速めることによって戦場における不確定事項を増大させることなど、彼には、微塵も考えた形跡がない。

そもそも、クラウゼヴィッツは奇襲をあまり強調していない。彼の見解は、「奇襲が成功するのは、敵が重大かつ致命的な、文字通りめったにない失策を犯したときだけだ」とか、「奇襲によって、大きな戦果が得られるという考えは完全な誤解だ」というものである。

2500年前に孫子は、敵の失策による奇襲ではなく、陽動、欺瞞、秘匿によって主導的に奇襲を仕掛け、成功させることができると説いている。情報化時代の今、ボイド大佐は、作戦テンポの相対的速さを追求することによって敵部隊や武装勢力の「精神的機敏性」を喪失させ、奇襲を成功させることができると説いた。ボイド大佐が「クラウゼヴィッツを超えた戦略家」、「孫子が授けた情報化時代の申し子」と呼

消耗戦と機動戦

	消耗戦	機動戦
作戦の目標	物的交戦能力の破砕	精神的交戦能力の破砕
作戦環境	状況が変化しない 確実な情報が入手できる	状況が変化しやすい 不確実な情報が多い
部隊運用の原則	集中の重視 奇襲の重視	圧倒的な火力の発揮 機敏性(スピードと柔軟性)
作戦計画の策定	慎重な意思決定 綿密周到な計画	迅速な意思決定 大綱のみ計画
作戦の実行	計画通り実施	計画の軽易な修正・変更
指揮法	中央集権的 服従重視	分権的 イニシアチブ重視
意思決定法	全般作戦計画型の分析的意思決定法	作戦実施型の直観的意思決定法

付図8　消耗戦と機動戦の対比

ばれる所以である（付図8　消耗戦と機動戦の対比）。

6章　ループ型軍事意思決定法の特色

【6章のポイント】

米国の海兵隊は、四軍のうちで軍事環境の変化に最も敏感に適応してきた組織である。つまり、自らを変革し、創造し続ける組織といえる。その海兵隊がボイドの意思決定論に共鳴し、他の軍種に先駆けて機動戦方式をドクトリン化した。それは1989年のことである。

海兵隊は早くから消耗戦方式に疑問を抱いていた。工業化時代、米国は消耗戦方式で戦ったが、ほとんどの戦争が長期戦となり、しかも戦争当事国双方とも絶大な損害を被ったからである。加えて、海兵隊の指導者たちは1980年代の末の時点で「遠からず、情報革命の衝撃波が軍隊を襲い、兵器体系・部隊運用・組織編成に大変化が起こる」と予測していた。

新ドクトリン下の最初の戦いが、1991年の湾岸戦争である。この戦争では、米陸・空軍は依然として消耗戦方式で戦ったが、海兵隊だけはボイドの意思決定論に沿って機動戦方式を採用し、クウェート市周辺に展開するイラク軍の「精神的機敏性」を喪失させようとした。

また、海兵隊は、ポスト冷戦時代に激増することが予想される「戦争以外の軍事行動（MOOTW）」を遂行するためには、戦闘を重視する伝統的軍隊では不適切であることにいち早く気付いた。戦争に至らない抗争や対立では、武装組織や抵抗勢力の「精神的絆」を断ち切ることを目標に掲げるべきだ、と海兵隊は主唱する。要するに、海兵隊はその組織の「生き残り」を、敵部隊や武装勢力の「物的交戦能力」の殺傷・破壊よりも、むしろその「無形の交戦能力」の粉砕にかけたのである。

21世紀を迎えた現在、欧米の軍隊では革命的変化が起きている。軍事専門家はこの大変革を情報型「軍事革命（RMA：the Revolution in Military Affairs）」と呼ぶ。その核心は登場する新兵器の問題ではない。むしろ、兵器を「何の目的で」「どう使うか」の問題である。情報革命の衝撃波を受けた21世紀の軍隊は、その運用法が劇的に変化しつつある。

「軍事革命」の洗礼を受けた米陸海空軍は、海兵隊の変革路線を踏襲することで一致した。つまり、米四軍の基本ドクトリンは、ボイドの「OODAループ意思決定論」にもとづき、消耗戦方式から機動戦方式へ大きく転換したのだ。それは全般作戦計画型よりも作戦実施型を、分析的よりも直観的をそれぞれ重視する意思決定法への転換を意味する。

1　情報化社会の戦争や抗争・対立の特色

工業化時代の消耗戦と機動戦

工業化社会の戦争では、相手国を早期に終戦交渉のテーブルにつかせるため短期決戦が信奉された。というのは、欧米の軍事指導者は「相手国の戦争継続意思を喪失させるためには、その主力部隊を撃破することが一番である」と考えていたからである。このため、ほとんどの戦争で、彼らは敵主力部隊の迅速な「殺傷・破壊」を追求した。

しかし、短期間で戦争は終わらなかった。何度も「決戦を企図した戦い」を繰り返しながら決着がつかず、双方とも疲弊した。それでも、戦争を遂行する国家の物的交戦能力は消耗しても涸渇することはなく、戦争継続意思は低下しても、喪失することはなかった。また、戦闘の途中で敵主力部隊が撤退して、次の作戦に備えることも多かった。その結果、両次世界大戦をはじめ、ほとんどの戦争は大規模な殺傷と破壊を伴い、しかも意に反して長期間続いた。

双方が消耗戦方式で戦う戦争と同時に、ベトナム戦争（1958〜1975）や第一次アフガン戦争（1980〜1989）のように、一方が消耗戦方式、他方が機動戦方式を追求する非対称的な戦争も頻繁に起こった。ベトナム戦争では米軍が、第一次アフガン戦争ではソ連軍がそれぞれ消耗戦を追求し、他方、北ベトナムやアフガンは機動戦を展開した。結果は米軍やソ連軍の敗北である。米軍もソ連軍も戦闘で勝利を収めながら、戦争に敗れてしまったのだ。

北ベトナム軍やアフガン軍は、米軍やソ連軍を相手に消耗戦をやるだけの訓練された兵士も、近代的な装備も持っていなかった。ただ、彼らには、長期にわたり戦い抜く固い決意、自国民の支援という利点、それに米ソ国内の反戦世論という味方があった。そこで、北ベトナム軍やアフガン軍は、長期持久戦に持ち込むことによって米・ソの政治・軍事指導者の意思決定に影響を及ぼす作戦、すなわち機動戦を展開したのだ。この戦争方式では、大部隊で攻撃に出る必要性などない。むしろ、小部隊によるヒット・アンド・ラン方式で相手に何度も出血を強いれば、相手国の世論は反戦に向かう。そしてその世論が政府の意思決定に影響を与える。

このような戦略の非対称性は、戦争の範疇に入らない抗争や対立、いわゆる「戦争以外の軍事行動（ＭＯＯＴＷ）」にも数多く見られた。植民地解放闘争、部族間抗争、宗教対立、テロ活動、大規模麻薬取引等がそれである。これらの抗争・対立に対処するため、大国の軍隊は武装勢力や犯罪集団の物的抗争能力の壊滅を図った。つまり、消耗戦方式を適用して対抗したのである。

一方、武装勢力側は大国に苦痛を与えることによって、大国の撤退世論を盛り上げ、その政府の意思決定に影響を及ぼそうとした。代表的事例がソマリアの内戦に対する米軍の平和維持作戦（ＰＫＯ）である。

１９９３年、国連は米軍主体のＰＫＯ部隊をソマリアに送り込んだが、じきに米軍は武装勢力との激しい戦闘に巻き込まれた。その年の10月、首都モガディシオでアイディード派武装勢力の本拠地を襲撃しようとした米軍が地元武装勢力に包囲され、18人の米兵が殺された。そのうちの一人の遺体が市民に引きずり回され、そのシーンがテレビで放映された。この結果、当時のクリントン大統領は米軍の撤退を決定し、国連ＰＫＯは失敗に終わった。

精神的交戦能力の破砕

情報化時代の戦争においても、侵略軍は消耗戦方式のみならず、機動戦方式も使ってくるだろう、と欧米の軍事専門家は予測した。したがって、両方式の脅威に対して有効な戦争ドクトリンを開発しなければならない。消耗戦をもって侵略軍を阻止することは、工業化時代の戦争がそうだったように、長期戦に陥る可能性が高い。これからの侵略軍は量的優位にあるだけでなく、情報を操作して国際世論を味方に付けようとするだろう。死活的利益とはいえない国益のために、情報化社会の国民が長期戦のコストを支払い続けることができるか疑問である。

また、情報化時代になれば、「戦争のみならず、抗争・対立も増えるであろう」と軍事専門家たちは見ていた。工業化社会の軍隊は戦場で活躍することを基本とする集団で、戦う相手は敵国の軍隊であった。しかし、情報化社会の軍隊は戦争・抗争・対立・平和というすべての戦略環境において活躍する多機能集団である。そして、その相手は、敵国の軍隊のみならず、アルカイダのような非国家組織、さらには友邦国や中立国の軍隊をも含む。

情報化社会の軍隊は「戦争」と「戦争以外の軍事行動」の両方を遂行するため、共通した基本ドクトリンが必要である。なぜなら、第一に、「戦争」と「戦争以外の軍事行動」は同時並行的に起こるからである。同じ軍事組織で、同時に「戦争」と「戦争以外の軍事行動」に任じることが多い、ということだ。

第二は、各種の状況に応じて別個の基本ドクトリンを開発し、教育・訓練する余裕は米国といえどもないからである。この結果、90年代後半になると、米陸・海・空軍も海兵隊にならって、機動戦を基本として「戦争」と「戦争以外の軍事行動」を遂行するドクトリンを採用したのである（付図9軍事行動の同時並行性）。

2003年3月20日に始まった「イラクの自由」作戦はこのことを如実に語っている。作戦の前半部分は「衝撃と恐怖」作戦と呼ばれる「戦争」である。米軍はフセイン政権を打倒するため、イラク共和国軍の指揮・通信能力を破壊することによってイラク軍の「麻痺」を図った。つまり、米軍は伝統的な消耗戦方式から、機動戦方式に転換したのである。

「イラクの自由」作戦の後半部分は「戦争以外の軍事行動」である。この抗争で、武装勢力は自らの犠牲を省みず、テロ

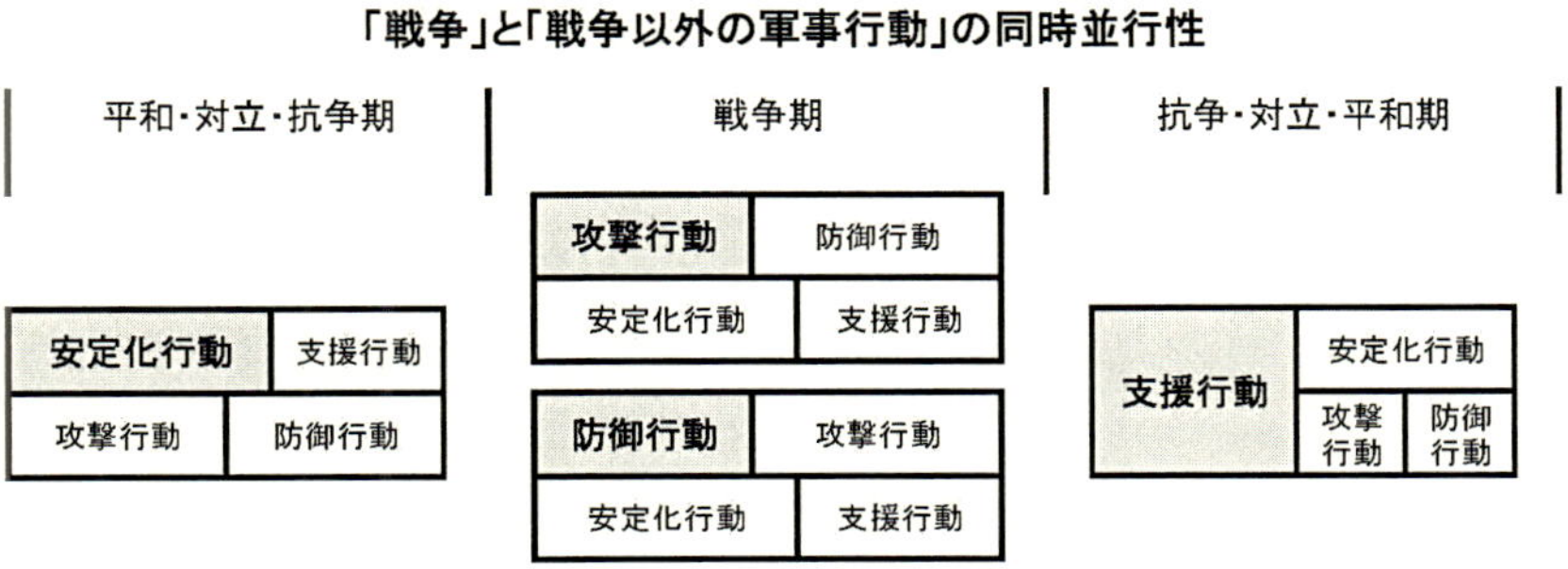

付図9　軍事行動の同時並行性（出所：U.S.Army.Field Manual 3-0 Operation,2001）

のような殺傷・破壊行為と情報操作を長期にわたり持続しようとした。そうすることによって、米英国の意思決定に影響を及ぼすことができると踏んでいたからだ。武装勢力にとって、人的損耗や施設の破壊は重要な問題ではない。しかし、武装勢力内の「精神的絆」が弱体化したり、土着民の支援が得られなくなったりすると、彼らの存続は危機に瀕する。

したがって、米軍は武装勢力の物的抵抗力に打撃を与えることよりも、その「闘争意欲の喪失」を目標に掲げるドクトリンを採用した。つまり、機動戦戦略を「戦争以外の軍事行動」にも適用したのである。米軍マニュアルでは、このドクトリンを「安定化・支援行動(SASO：Stability & Support Operations)」という。

2　情報化社会の軍事意思決定法の特色

工業化時代の「全般作戦計画型意思決定法」

工業化時代の軍事意思決定法は消耗戦を戦うためのものであった。消耗戦では、殺傷・破壊力を敵主力部隊に集中することが、すなわち「集中の原則」が最も重要である。1976年度版の米陸軍マニュアルでは、「攻撃に際して、師団長は敵の6倍の戦闘力を集中しなければならない」と書かれていた。

戦闘力を集中発揮するためには、専門的技能を持った各幕僚が敵部隊や味方部隊の能力、それに戦場の地形や気象等を入念に調査し、幕僚相互に緊密な調整を行う必要がある。したがって、消耗戦の「計画策定」には、時間がかかった。

そもそも、工業化社会の戦争では、司令官が情報を「早期」に入手し、「迅速」に決断することは、それほど重要なことではなかった。情報の入手が遅れ、決断が数時間遅れたとしても、1ヶ月後に「実行」段階が始まり、数週間戦闘が続くのに大きな影響はなかった。むしろ、司令官の関心事は、いかに速く部隊を動かして戦闘力を集中するかにあった。

例えば、ナポレオンは、彼の幕僚が起案した作戦計画を何度も突き返し、修正させたが、他方で「戦略とは、時間と面を使用する技能である。私は面よりも時間の方を大事にする。面は取り戻すことができるが、時間はできない」と言って、「迅速な部隊移動」を尊んだ。要するに、綿密周到な全般作戦計画を、じっくり時間をかけて策定し、その迅速な

「実行」に努めたのである。

また、ひとたび作戦が開始されると、作戦は計画通りに実行されることが期待された。というのは、作戦開始後の指揮官による「実行」の監督・指導は困難であったからだ。したがって、状況の変化に応じて全般作戦計画を修正したり、作り直したりすることはほとんどできなかったのだ。

最前線の兵士が目視した「状況の変化」を上級司令部に報告し、司令官が計画を修正・変更し、新しい命令が前線の兵士に届くまで長時間を要した。上級司令部と前線の将兵との間で、情報や命令の再確認も必要であった。これでは、状況、特に敵情の変化に適応した監督・指導はできない。指揮官の監督・指導に従って部隊が動くときには、状況は一転している。

したがって、不明で変化しやすい敵情よりも、明白で変化の少ない味方部隊の能力や戦場の地形を重視して意思決定を行った。そして、敵情の変化にとらわれることなく、当初の計画通り「力でシャニムニ押しまくる」戦法が常だった。

米国のある軍事専門家にいわせると、司令官は命令を下達すると「ロスト・コマンド（指揮の消失）」のモードに入るそうである。平たくいえば、命令を出せば、意思決定は終わり、後は「観戦武官」を決め込むことができた。したがって、工業化時代の軍事意思決定法は、全般作戦計画の策定を重視する意思決定法であったといえる。

情報化時代の「作戦実施型の意思決定法」

一方、情報化社会の戦争や抗争・対立では、機動戦方式を適用した作戦が追求される。戦争や抗争・対立は、短期間に、しかも損害を最小限に抑えて終わらなくてはならない。工業化社会のように、長期にわたり、膨大な死傷者を出すような戦争や抗争・対立はやれない。したがって、戦闘力を集中する作戦よりも、奇襲を重視する作戦、すなわち相手の「精神的機敏性」を喪失させる作戦が展開されなければならない。

奇襲は、ボイド大佐が訴えたように作戦テンポを速くすることによって達成される。ループ型の意思決定過程を相手よりも速く消化できれば、相手は不確実性に悩まされ、「精神的機敏性」を喪失する。すなわち、わが方は奇襲に成功する。

加えて、作戦環境はカオス（混沌）状況である。作戦開始前には考えていなかったことが、「実行」段階では次々に起きる。机上で冷静に考え、緻密な作戦計画を策定しても、不確実な情報が多く、正確に予測できるものではない。予期しない脅威や、反対に、乗じ得る好機が生じるのだ。しかも、状況は流動的である。したがって、敵よりも迅速に「観察—状況判断—決定—行動—観察」を繰り返しながら次々と新しい方策を打ち出す必要がある。迅速なループ型の意思決定法は、予期しない事態や目まぐるしく変化する事態にも対応できるということである。

要するに、情報化時代の戦争や抗争・対立においては、奇襲を重視するため、さらには作戦環境がカオス状況であるため、ループ型の意思決定法が脚光を浴びるようになったのである。ループ型の意思決定法では、「計画策定」段階だけでなく、「実行」段階をも包含する過程を経て意思決定がなされる。つまり、ある方策を実行することによって明らかになった情報をもとに、新たな方策を決定するのだ。

問題は「ループ型意思決定過程のどの段階を、いかにして速めるか」である。まず、「どの段階の時間を短縮すべきか」について論じた後に、「いかにしてテンポを速めるか」については節を改めて説明しよう。

前述したように、工業化社会の戦争では、「実行」段階の時間の短縮に関心が向けられた。情報化社会の戦争や抗争・対立では、「実行」のスピードよりも、「計画策定」段階、すなわち方策の決定に要する時間が問題である。ミサイルは司令官の決断と同時に発射台を飛び出し、瞬時に目標に命中する。部隊の移動は戦車や装甲車による時速40キロメートルから、空中機動による時速200キロメートルに変わる。

「戦争以外の軍事行動」においても、「実行」に要する時間は大幅に短縮される。テロリストの細胞グループや特殊部隊は、ひとたび決心すれば、直ちに計画を実施できる。部隊の「実行」が数分しかかからないとき、指揮官が「計画策定」段階に数時間を要していたのでは、相手に「対応の暇」を与えてしまい、打倒されてしまうか、勝機を逸してしまう。

情報革命の衝撃波を受けた戦争や抗争・対立では、「実行」段階よりも「計画策定」段階での時間短縮が各級指揮官の共通の課題である。このため、米軍は「観察」「状況判断」「決定」の時間の短縮に努力を指向している。

3　作戦テンポを速める方法

相互信頼

作戦テンポを速めるためには、どのような方法があるだろうか。第一に、上級指揮官や部下との相互信頼の確立である。上級指揮官や部下との相互信頼が指揮官自らおよび部下のイニシアチブの源泉である。そして、これらのイニシアチブが作戦テンポを速める。

上級指揮官が自分を信頼し、期待してくれるなら、上級指揮官に対する信頼感が生まれる。上級指揮官との相互信頼が、指揮官自らの「意思決定」においてイニシアチブを発揮させる。同様に、部下を信頼し、期待すれば、信頼を受けた部下も指揮官を信頼し、期待する。その結果、部下に「実行」のイニシアチブを発揮させることができる。部下を無能扱いするなら、相互信頼は醸成されず、自主積極的な行動は期待できない。

状況の変化に即応したり、奇襲をかけたりするためには、イニシアチブの発揮が特に重要である。イニシアチブとは、各級指揮官がその専門的知識・技能を駆使して積極的に自らの方策を見出すこと、さらには、突発的な脅威や障害に迅速に対処したり、好機を捉えたりすることである。

ある方策を計画し、実行する際に、上級指揮官の命令を待って動き出すのでは、時間がかかりすぎる。指揮官もその部下も積極的に、自ら問題点を探し求め、自ら解決策を見出し、自ら行動に出るなら、作戦テンポは速くなる。指揮官とその部下のイニシアチブこそ、機敏性を発揮する基盤である。

各級指揮官のイニシアチブには負の側面もある。イニシアチブは、しばしば、上下級・隣接指揮官の間に絶対必要な連携を弱化させる。師団長の「自主積極的な行動」が上級指揮官である軍団長の意図とかけ離れていることもあろう。部下である旅団長の「独断専行」が隣接部隊の行動を妨害するかもしれない。

ところが、相互信頼さえ存在すれば、各級指揮官のイニシアチブを促しながら、上下級指揮官の間に連帯感を生み、連携を容易にすることができる。師団長は軍団長の意図を正しく理解し、その意図を実現する「積極果敢な方策」を模索する。他方、部下の旅団長に対しては、「あの旅団長なら大胆な行動に出るだろうが、自分の意図をよく分かっているから無茶な行動はとらない」と確信できる。強制や恐怖心を与えることによって連帯感を醸成する方法もあるが、この方法ではイニシアチブを犠牲にすることになる。

また、相互信頼はコミュニケーション手段として、「暗黙の理解」を活用することを可能にする。「暗黙の理解」とは、言葉の使用を最小限にとどめながら、保有する情報を「阿吽の呼吸」で伝達することである。「阿吽の呼吸」で伝達することができれば、時間を費やして詳細な命令を作成し、伝達する必要はない。

ＩＴの発達とその活用によって、各級指揮官は、それぞれが得た「知識」情報を相互に知ることができる。つまり、司令官も前線の将兵も同じ「知識」情報を共有できるのだ。しかし、「知識」情報を共有するだけでは、状況の変化に対して迅速に対応することができるとは限らない。なぜなら、両者間には、認識のギャップがある。機敏な意思決定のためには、両者は同じ認識に立って情報を判断しなければならない。司令官と前線の将兵が同時に同一のイメージを描けるなら、両者は「一を聞いて、十を知る」ことができるだろう。

米海兵隊のマニュアル『ＭＣＤＰ１――１９９７年版ウォーファイティング（Warfighting）』には、次のような一節がある。

「指揮の基本原則は、黙っていても意思を伝達できる人間の能力を活用することにある。お互いの考えていることを明察するコミュニケーション、いわゆる以心伝心の方が詳細かつ明確な命令・指示よりも速く、しかも効果的である。」

もちろん、各級指揮官は、その意思を「阿吽の呼吸」で伝達するため、夫婦のような強い相互信頼によって結ばれる必要がある。上下・左右の相互信頼がＯＯＤＡループを速く回転させる潤滑油である。

部隊のコンパクト化

第二は、部隊のコンパクト化である。コンパクト化された部隊とは、人員や装備の数は縮小されているが、質的能力は強化されている部隊で、しかも幅広い権限と責任を付与されている。部隊のコンパクト化を進めると、軍隊のヒエラルキー（階層組織）が崩れ、情報の流れが速くなる。

工業化時代の戦いでは、各兵士の収集した現場の実情が分隊長に報告され、分隊長は小隊長に、小隊長は中隊長へと情報が上がっていった。そして、集まってきた情報をもとに、司令官は、方策を決定し、下位の指揮官へ命令を発する。命令を受けた指揮官は、より具体的な命令をさらに下位の指揮官に付与する。最終的には、兵士一人ひとりが命令を受け、行動に移る。いわゆる、トップダウン方式の指揮モデルである。この方式だと、前線の情報が兵士から司令官に達するまで時間がかかり、さらに命令が兵士まで下りてくるのにまた時間を要する。

情報をもっと早く伝達するには、ヒエラルキーの中間階層を削減してフラットな階層に作り変えればよい。実際、最近の米陸軍の組織改編には、この傾向が見られる。米陸軍は編成・組織面での「軍事革命（ＲＭＡ）」を推進しているが、その代表的事例が師団編制の廃止と特殊部隊の増強である。いずれも、対テロ行動のような機敏性を重んじる作戦を効果的に遂行するための「部隊のコンパクト化」である。

師団編制の廃止によって、ナポレオン時代から列強の軍隊が採用してきた旅団・師団・軍団・方面軍の階層から師団が削除され、ヒエラルキーはより平坦になる。これからは、師団（１・５万人規模）が持っていた能力・権限・責任を、旅団（４０００人規模）がはたすのだ。

特殊部隊は幅広い権限を持って、独立的に行動する大隊以下の小部隊（７００人規模）である。小部隊であるにもかかわらず、方面軍が直接指揮する。つまり、４つ星の大将が少佐を指揮するのだ。特殊部隊の兵士は、戦闘に任じるだけでなく、他官庁との調整、他国との交渉にあたる権限や責任を付与されている。ボイド大佐は、彼らを「戦略的伍長(Strategic Corporal)」と呼んで、情報化時代の軍人像を描いている。

契約型指揮法

機敏性を高める第三の方法は、指揮法を「契約型」に転換することだ。イニシアチブの観点から指揮法を分類すると、「詳細型指揮法（Detailed Command）」「指導型指揮法（Directive Command）」「契約型指揮法（Mission Command）」に大別できる。順次説明していこう。

「詳細型指揮法」は、「作戦の目的や目標」に加えて、「部下が達成すべき目標」と、その目標を達成する「手段・要領」までも指揮官が示すものである。この指揮法は旧ソ連軍の「公式の原則（ドクトリン）」であった。赤軍は、想像的で積極的な若手指揮官の活用を好まなかったため、手段・要領までも示して部下をコントロールしたのだ。

米軍は「詳細型指揮法」をドクトリンとしては採用してこなかったが、新兵器が出現するたびに、この指揮法が脚光を浴びる。これは、「シルバー・ブレッド（Silver Bullet：科学技術万能主義）」に対する信望、すなわちすべての軍事上の難問を新兵器で解決しようとする国民性からきているものと思われる。

例えば、ベトナム戦争の頃、多くの指揮官たちは、空中から地上戦闘を効率的に指揮することができると考え、「詳細型指揮法」の方がよいと考えた。なぜなら、指揮・統制ヘリコプターやＰＲＣ-25無線機の出現が「地上の戦況についての完全な情報を入手できる」という幻想を将校たちに与えたからである。

現在、革命的ＩＴ兵器の出現によって、今度こそは「詳細型指揮法」をドクトリン化すべきだという主張が台頭している。ＩＴが発達した戦場では、上級司令部の方が広範な情報を正確に、しかも速く入手できるから、意思決定権は中央に集中すべきだ、と多くの将軍たちは言い始めた。

米軍の公式の「指揮に関する原則」では、昔も今も「指導型指揮法」である。この指揮法では、部隊指揮官が自分の「意図」として「作戦の目的」や「自らが達成すべき目標」を説明するだけでなく、「部下が達成すべき目標」も明示する。しかし、部下の目標を達成するための「手段・要領」は、部下が自ら自由に決定する。部下は指揮官の「意図」の範囲内でイニシアチブを発揮すべきだと考えているのだ。

「指導型指揮法」論者は、「詳細型指揮法」がその前提に大きな欠陥を持っていると批判する。「詳細型指揮法」の前提は、ＩＴによって「部下の直面する実情を完全に描写した映像」を、指揮官は迅速に入手できるというものである。しかし実際には、高度なＩＴを活用しても、作戦の様相や推移を完全に映像化することはできない。そもそも、不確定事項をどうやって映像化できるのか。デジタル化戦場でも、不確定事項は満ち溢れているのだ。

もっと重要な批判は、「詳細型指揮法」論者はベトナム戦争の教訓を無視していることだ。ベトナム戦争で米軍を指揮したある将軍が指摘したように、「１５００フィート上空の指揮官は、冷静沈着に指揮することはできるかもしれないが、泥や血にまみれ、混乱した状況にある地上の部下たちに不可能なことを要求しやすい」。

さらに、ベトナム戦争では「詳細型指揮法」が流行したため、指揮官と部下の間に信頼感がなくなり、下級将校や下士官は詳細な命令なしでは行動しなくなった。積極的に自分で考え行動する態度が失われたのである。この指揮法は部下のイニシアチブを犠牲にしてしまうということである。

「各級指揮官のイニシアチブが作戦テンポを速める強力な手段である」と見るボイド大佐は、各級指揮官のイニシアチブを「指導型指揮法」以上に重視する。そこで、彼は「契約型指揮法」を提唱する。

「契約型指揮法」とは、指揮官と部下が相互に相手の考えを理解し、同意に達した上で、部下が命令・指示に従うことをいう。具体的には、指揮官は作戦の目的と目標だけを示し、「部下が達成すべき目標」については部下の同意を取り付ける必要がある。

また、指揮官は、部下が「いかなる手段・要領で自らの目標を達成するか」について決して言及してはならない。手段・要領は、部下が自由に決めることができるのだ。もし、部下が「指揮官の考える自分の目標は現状に合っていない」とか、「必要な手段を付与されていない」と思った場合、その目標について異を唱える権限が与えられている。他方、指揮官は、部下から達成すべき目標について同意を得られたら、部下が行動に出て、その目標を達成してくれるものと確信することができる。

ひとたび「契約型指揮法」によって同意が成立したら、部下は同意事項に拘束されるが、それ以外のことに関しては自分の考え通りに物事を決め、処置することができる。したがって、部下は盲目的に服従するよりも、自ら考え、責任の重さを自覚し、やる気を起こし、イニシアチブを発揮することになる（付図10　指揮法の種類）。

指揮法の種類

	作戦の目的・目標	部下の目標	部下の手段・要領
詳細型指揮法	指揮官明示	指揮官明示	指揮官明示
指導型指揮法	指揮官明示	指揮官明示	部下自主決定
契約型指揮法	指揮官明示	両者の合意	部下自主決定

付図10　指揮法の種類

直観力とリスク

作戦テンポを速める第四の方法は、「直観的意思決定法」

のドクトリン化である。「直観的意思決定法」の核心は直観力を発揮するとともに、リスクを恐れないことだ。

ＩＴ兵器が急速に進歩する情報化時代には、敵部隊や武装勢力に関する「生情報」は「情報過多」といわれるほど入ってくるが、依然として不確実な「生情報」が多い。不確定事項を明確にするには、時間が必要である。しかし、情報化社会の戦争や抗争・対立は「時間次元の戦い」である。このジレンマから抜け出すためには、経験を積み、教育・訓練を受け、感性を磨くことによって醸成される直観に重きを置くことが必要である。

直観と同時に、リスクを賭けることも大事である。そもそも完璧な方策など存在しない。「妥当な方策」であれば、それを選択し、指揮官の責任において決断すべきである。

直観とリスクを重視した意思決定の手順については第３部において説明するとして、次章では、ループ型の直観的軍事意思決定がビジネス意思決定に及ぼす影響について検討してみよう。ボイド大佐の意思決定論は、ビジネス界にどのように受け止められてきたのであろうか。そして、それは、今後のビジネス意思決定にどのような波紋を広げるのであろうか。

7章　タイム・ベース競争戦略

【7章のポイント】

米海兵隊が「OODAループ意思決定論」のドクトリン化を推し進めていた頃、この理論がビジネスに及ぼす重大な意義に気付いた学者たちがいた。ジョージ・スターク、トム・ピーターズ、チェスタ・リチャードといったボストン・コンサルティング・グループのメンバーである。

80年代後半、米国の経営学者たちは日本の貿易攻勢に対抗するため、日本の競争力の源泉を探し求めていた。デトロイトの米国労働者たちがハンマーで日本車を「めちゃめちゃ」にするシーンが、テレビで何度も放映されていた頃である。当時、多くの人々は、日米企業間の生産性の優劣、これこそが貿易不均衡の原因だと考えていた。しかし、ボストン・コンサルティング・グループは、大量生産可能な製品の生産性では米国が優位にあることから、「生産性以外に原因はある」と見ていたのである。

彼らはボイドの理論に接して、時間次元の支配が、戦争や抗争・対立のみならず、ビジネス競争でもその勝敗を左右するということに気付いた。時間の観点から日米貿易不均衡を見直すと、日本企業の競争力は圧倒的な優位を占めていたのである。そこで、彼らは、コスト・品質・品種だけでなく、時間が企業の競争力を決定する重要な要素であると考え、時間を短縮する経営戦略、「タイム・ベース競争戦略」を発表した。

1991年の湾岸戦争の勝利で、海兵隊のドクトリンが高い評価を得るにつれ、この戦略は情報化社会における経営戦略として企業家たちの注目を集めるところとなった。本章では、ボイドの「OODAループ意思決定論」が「タイム・ベース競争戦略」の構築に及ぼした影響を明らかにしたい。

1　タイム・ベース競争戦略とは何か

競争次元としての時間

企業経営においては、昔からコスト、品質、品種、それに時間が主要な競争次元である。1970年代頃までの工業化社会では、同じ品種なら「いいものを、安く」というスローガンが掲げられた。コストと品質の重視である。80年代、脱工業化社会が始まると、顧客のニーズが多様化してきた。コストや品質をある程度犠牲にしても、顧客一人ひとりの好みを反映する商品が求められるようになった。

90年代以降、時間次元での競争が繰り広げられている。忙しい現代人にとって、時間の短縮は大きな魅力だ。したがって、時間は「単独の競争次元」として多くの顧客を惹きつけている。コスト・品質・品種が同等であれば、リードタイム(受注からユーザーに手渡すまでの時間、ないしは開発開始から販売に要する時間)が短いほど、ユーザーの満足感が高まり、需要は増大するのである。宅配ピザ屋は30分という限られた時間内に必ず届くことから、値段は高くても繁盛している。コンビニエンス・ストアも急成長を続けている。その価格はスーパーマーケットよりも決して安いわけではない。しかし、近くで欲しいものが24時間いつでも手に入ることから、時間が節約できるのだ。

また、時間はコスト・品質・品種といった他の競争次元にも大きな影響を及ぼす。つまり、「複合的な競争次元」の一部でもある。

リードタイムが短いなら、それだけ大量に生産できるから、生産コストは安くなる。2時間かかっていた仕事を1時間でできるようになれば、コストは2分の1ですむ。

時間は品質にも影響する。リードタイムが短いなら、最新の技術を導入して開発・生産が可能になり、最高の品質のものを市場に提供できる。反対に、開発・生産・販売に時間がかかると、商品になる頃には新しい技術が現れ、もっと小型・軽量で、機能の良いものが生産可能になっている。

さらに、開発・生産・販売にかかる時間が短いなら、多種多様な商品を市場に提供できる。工業化時代には、1種類の品物を大量生産することによって生産性を上げ、低コストを可能にした。しかし、リードタイムを短縮できれば、多種多様な製品を開発し、少量だけ生産できる。コストの上昇が心配されるが、全体として生産量は多量になるから、価格は「リーズナブル」に抑えることができる。

ループ型意思決定法と経営テンポ

単独にせよ、複合にせよ、工業化社会の頃から「時間は主要な競争次元である」という認識は存在していた。しかし、経営戦略の主流はコストや品質に関するもので、時間に焦点を当てたものはなかった。

やっと1980年代後半になって、時間次元の競争を重視する経営戦略論が出てきた。ボストン・コンサルティング・グループの「タイム・ベース競争戦略」である。この競争戦略はボイド大佐の軍事意思決定論から多くのヒントを得ていた。なかでも特筆すべきは、「情報化社会の企業経営はOODAループをぐるぐる回るドッグ・ファイトと同じである」のに気付いたことだ。

工業化社会の企業経営では、企業目標にもとづき「最良の方策」を決定することをビジネス意思決定と定義していた。この定義によれば、ビジネス意思決定は経営活動の「企画」段階に含まれ、「実行」段階には含まれない。本社は頭脳であり、現場は手足という考え方である。意思決定が「実行」段階の教訓を大々的に反映することはない。したがって、意思決定法の特徴は直線的で、しかも一方向的である。本社が販売目標とその達成方法を決定し、指令という情報を現場である店舗に流し続ける。例えば、流通業では、「来週はこのセーターを売れ……」「再来週はバーゲンセールをやれ……」と本社から店舗に数多くの指令が飛ぶ。

顧客のニーズが一律のときには、企業目標を達成するため一方向的な意思決定法の方が効率的だし、現場は何も考えないで本社の指令に従っていればよい。しかし、売り場で起こっている顧客のニーズが急激に変化するようになると、企業目標を変えることを含め、顧客の変化に即応する方策を講じなければならない。

売り場で起こっている問題を情報として受け取った本社は、「妥当な解決策」をできるだけ迅速に決め、売り場に指令を出す。売り場は、「妥当な解決策」を仮説として、売れ行きを検証する。問題があれば、直ちに報告され、本社は直ちに改良された解決策を打ち出す。情報化社会のビジネス意思決定過程とは、情報―判断―仮説―検証―情報、この繰り返しを半永久的に行うことだ。

要するに、ボストン・コンサルティング・グループは、ビジネス意思決定過程を、「企画」段階（市場の調査・状況判断・決定）から「実行」段階（指導・評価）に至り、そして「企画」段階に還るループであると定義したのだ。つまり、「ビジネス意思決定法は、開発・生産・販売によって明らかになった教訓を次の企画に活かす方式であるべきだ」と彼らは主唱する。

その上で、このループを回転する時間の短縮、すなわち経営テンポの迅速化がビジネスに大きな利益を約束する、とボストン・コンサルティング・グループは説いた。「速い経営テンポがもたらす利益」を実証するため、同グループが持ち出した事例が、1981年の「YH戦争」である。このビジネス戦争は、ヤマハとホンダが繰り広げたオートバイ市場を巡る抗争であった。「YH戦争」は、商品の多品種化が80年代の競争次元になることを世界に知らしめた。

ヤマハは1981年、新しい工場の建設を機に、世界最大のオートバイ・メーカーになると宣言した。二輪車から四輪車へシフトしつつあったホンダを見て、一気に二輪車でホンダを抜いてトップに躍り出ようとしたのだ。ホンダはこの挑戦を受けて立ち、前代未聞のスピードとフレキシビリティで次々と新しい製品を市場に送り出し反撃した。結局、ホンダが勝利するのだが、その決め手はコストでも、品質でもなく、製品の多様性であった。「YH戦争」が始まったときに、ホンダには60のモデルがあったが、その後の1年半の間に113のモデルを新たに市場に送り込んだ。一方、ヤマハはわずか37モデル、ホンダの3分の1にすぎなかった。

しかし、ホンダの勝因は製品の多様性だけではない、と同グループは指摘する。「YH戦争」は、多品種化を可能にする時間が次世代のビジネスを左右することも示している、と。

たしかに、情報化社会では、顧客のニーズは多様で、変化しやすい。したがって、多品種を少量だけ生産し、しかもコストを抑えるためには、生産時間の短縮が欠かせない。加えて、顧客のニーズが変化しやすいことから、顧客が買いたい製品を短期間で開発・生産し、「売り切る」ことが大事だ。お客が待ってくれることはほとんどない。企業にとって、「売り逃がし」は致命的である。当然ながら、情報化社会の企業には、スピードとフレキシビリティ、すなわち機敏性が要求される。

2　タイム・ベース競争戦略の狙いと問題点

消耗戦の回避

一般に、企業は競合他社に対し、市場を巡って次の三つの戦略を採用する。第一の戦略は、競合他社と共存を図る戦略である。小さな市場という「パイ」を奪い合うよりか、市場を広げて「パイ」の総量を増大させる方法だ。この戦略は競争を生まない。

第二の戦略は、競合他社との競争を避けるため、できるだけ競争のない市場を探し出す戦略である。まだ誰も手をつけていない分野や大手がやりたがらない分野に目をつけ、そこに経営資源を集中して、他社が参入しないうちにシェアを独占する方法だ。ナンバーワンではなく、オンリーワンを目指す戦略である。ニッチ産業のようなニュービジネスの開拓が注目されているが、これはこの戦略にもとづくものだ。

第三の戦略は、価格や品質等で競争し、市場を獲得する競争戦略である。競争戦略が成長の機会を一番作り出すことから、多くの企業はこの戦略を掲げる。「タイム・ベース競争戦略」はもちろん、このカテゴリーに入る。

この戦略の弱点は、競争が激化し、競合企業双方が大きな損害を被りやすいことだ。なかでもコスト次元での競争は熾烈なものとなる。コストという指標は単純明快であり、かつ企業利益の増減に直結するからである。競争が熾烈であれば、それだけ双方の会社とも利益が減少し、資金や人材といった資源を消耗する。下手をすれば共倒れになる。このような「消耗戦」を回避するため、企業はどのような競争戦略を構築すればよいのか。

「OODAループ意思決定論」の狙いは、作戦テンポを速めることによって、彼我双方の殺傷・破壊をできるだけ抑えながら敵対勢力の意思を変えさせることにあった。同様に、「タイム・ベース競争戦略」の狙いは、経営テンポを競合他社よりも速めることによって、競合他社との「消耗戦」を回避しながら市場シェアを着実に拡大することにある。

なぜ、経営テンポの迅速化が競争を抑制し、そして市場シェアを着実に拡大させることができるのであろうか。まず前者、すなわち激しい競争を回避できる理由から見てみよう。

「消耗戦」を回避する第一の要件は、商品の生産を少量に抑えることである。ブランド物の販売のように、常に需要が供給を上回る状態を維持できれば、泥沼の低価格競争に陥ることはない。

第二に、競争次元をコスト以外に求めることである。価格は従来よりも幾分高いが、魅力的な品質、多様な品種、速い納品等をセールス・ポイントとすることである。

第三に、単一の競争次元ではなく、複合的な次元で勝負する商品を販売することである。コスト・品質・品種・時間等の競争次元の特性が組み合わされた商品なら、競争次元が複雑・曖昧である。このため、顧客は競合商品の優劣をつける比較基準が単純明快でないから、激しい販売競争を回避できる。と同時に、競争次元が混合した商品だと、競合他社は顧客のニーズを絞ることができず、したがってターゲットを特定して、競争を仕掛けることが難しくなる。

経営テンポを競い合う「時間次元の競争」は、これら三つの要件を満たす。速い経営テンポは品質の良いものを、多品種少量生産し、手ごろな値段で、早く届けることができる。顧客は「この製品の魅力は経営テンポにある」と認識することはめったにない。競合他社の経営者も、「市場が失われていく真の原因は当社の遅い経営のテンポにある」とは、なかなか読み取れない。特に、その経営者がこれまで「コスト・ベース」によって戦ってきた伝統的な経営者であれば、なおさらである。「なぜ、こんなに安くしたのに売れないのか」と悩むに違いない。こうして「消耗戦」を回避できるのである。

不確実性への対処

これまで、経営テンポの競争が「消耗戦」を回避できる理由を見てきたが、次に、この種の競争が「市場シェアを着実に拡大する理由」について検討してみよう。「タイム・ベース競争戦略」の意思決定法は前述したようにループ型意思決定法である。つまり、「企画」で考えていなかったことが「実行」では次々に起きることを想定している。計画通りに物事が進むものではない。むしろ計画がそのまま実現することの方が異例ですらある。戦争や抗争・対立と同じように、緻密なビジネス計画を立案しても、その計画は多くの不確実な情報にもとづいており、計画通りにはいかないということだ。

たしかに、情報化社会の経営環境も不確定事項に満ち満ちている。顧客のニーズの急速な変化や、打ち寄せる技術革新の波のため、将来の予測に役立つ確実な情報はわずかしかない。環境が激しく変化する時代にあって、企業が生き残り、市場を着実に拡大していくためには、どうすべきか。

不確実なことが多い軍事行動では、速い作戦テンポ、すなわち機敏性がなにより重要であるとボイド大佐は説いた。同様に、企業経営においても、企業環境とその変化を敏感に読み取って迅速に対応していく機敏性が重要だ、と「タイム・ベース競争戦略」は主唱する。

企業環境とその変化に機敏に対応するためには、第一に、現在の顧客のニーズをいち早くつかみ、ニーズが変化しないうちに開発・生産して、販売すればよい。つまり、市場の調査や意思決定会議といった「企画」段階に要する時間と、リードタイムといった「実行」段階の時間を短縮することだ。

第二に、将来の顧客のニーズを的確に予測し、ニーズの変化を先取りした製品を開発・生産することである。現在のニーズではなく、開発・生産した製品が店頭に出回る時点のニーズを予測するのだ。予測が正しいなら、開発・生産した新製品は顧客のニーズにマッチしたものになるだろう。

将来の顧客のニーズを的確に予測するには、遠い将来を予測するよりか、近い将来を予測する方がはるかに容易だし、誤差も少ない。長期的予測に立脚するなら、予測の根拠となる確実な情報はほとんどない。その結果、企業経営者は将来の顧客のニーズを読み誤りやすい。近い将来の予測を可能にするためには、いち早く顧客の購買パターンの変化や製品開発のヒントを発見し、製品設計や販売方法の修正・変更などの「企画」を素早く行うこと、さらにはリードタイムを短くすることだ。

要するに、速い経営テンポによって、市場ニーズとその変化への迅速・的確な対応が可能になる。そうすれば、市場シェアが拡大されるに違いない。それは、作戦テンポの優位性が「作戦環境とその変化への機敏な対応」を約束するのと同じである。

奇襲の実施

「タイム・ベース競争戦略」はまぎれもなく「OODAループ意思決定論」から多くのヒントをえている。がしかし、この競争戦略はボイド理論の防御的側面のみを見て、攻撃的側面を見落としている、とボイドの弟子たちは批判する。つまり大佐の理論の真髄は、決して状況への「適時・適切な対応」を可能にすることだけではない。むしろ、迅速な作戦テンポによって奇襲を達成することにある、というのである。

経営テンポの優越がもたらす攻撃的意義とは何であろうか。このことを解明するには、「奇襲とは、ビジネスに置き換えれば、何を意味するのか」から明らかにしなくてはならない。

ビジネスにおける奇襲とは、顧客に対するものと、競合他社に対するものがある。「顧客を奇襲する」とは、顧客が考えてもいなかった安い製品や良質な製品を提示され、「これこそ自分が欲しかったものだ」と、そのときの気分で、ときには衝動的に買うことをいう。「気分買い」の場合、顧客は自分の欲しいものを知っているわけではない。顧客は自分のニーズを表現することができないでいるか、ないしは「そんなニーズが満たされることは、現実にはありえない」と思っている。経営テンポの速い企業はこのニーズの白紙状態を活用して、市場を「創造」することができる。

顧客が自分のニーズを的確に自覚していないのであるから、企業側もニーズを特定し、それに合った製品を市場に出すわけにはいかない。そこで、企業側は多種多様な製品を市場に投入して顧客の生の反応を見ながら、それに合った製品をどんどん出していく。顧客が熱狂的に欲しがる機能は随時追加し、平凡な機能はどんどん取り除いていく。こうした仮説・検証型の意思決定を短期間で継続的に行い、多品種の、しかも「魅力的な製品」を少量生産し、リーズナブルな値段で次々と市場に登場させる。こうして新しい市場ニーズを「創造」し、着実に市場を拡大する。

前述したＹＨ戦争のケースも、ホンダは、オートバイ・ファンの間で人気のある、ないしは人気を博しそうな新車を市場に投入して、勝利したのではない、とボイドの弟子たちは言う。ホンダの経営陣は新車を次々に提示し、一般大衆の反応を見ながらニーズを「創造」していった。オートバイに触れたこともない女性が、展示してあるホンダのオートバイを見て「こんなオートバイなら乗ってみたい」と思い、ニーズを創り上げたのだ。

一方、競合他社に対しての奇襲とは、他社に顧客の真のニーズを把握させなくすることによって、その精神的適応能力を著しく低下させることである。自社が経営テンポの優位性を武器にして市場を「創造」し、拡大するなら、競合他社の経営陣は市場を失った真の原因を突き止めることができないだろう。曖昧で、混乱し、矛盾した原因ばかりが彼らに報告されてくるに違いない。つまり、彼らは、不確実性に悩まされるのだ。ボイドとその弟子たちは「原因が特定できないで敗退するチームは、お互いに非難し合い、責任をなすりつけ合い、リスクを賭けることを嫌がる」という。結果は、連帯感・モチベーション・規律の欠如である。かくして、市場シェアは一層、失われる。

要するに、「ボイドの軍事意思決定論は、速い経営テンポが市場拡大に奇襲的役割をはたすことを暗示している」とボイド大佐の弟子たちは強調しているのだ。たしかに、「タイム・ベース競争戦略」はボイド理論の攻撃的側面を見落としているかもしれない。しかし、「経営テンポの速さが企業の利益に大きく貢献する」という発見は、大きな意義を有しているといえよう。

8章　いかにして経営テンポを速めるか

【8章のポイント】

自衛隊における小部隊の指揮官は、OODAループを実に速く回転させる。3～4名を指揮する組長などは、当面の状況を自らの目で把握すると、自ら行動方針を考え、目や手信号で命令を出す。そして、自らの目で部下の行動を確認し、新たに展開する状況を予測して次の行動方針を考える。要するに、瞬時に計画を立て、瞬時に行動する。素人が見ると、組長や分隊長は考える暇などない、「首から下」だけで指揮しているように見える。「マジックを見ているようだ」と取材にきた記者が言っていた。

ところが、師団や旅団といった大部隊になると、回転は極めて遅くなる。いや、回転していないのだ。作戦開始後の指揮官（師団長や旅団長）や幕僚の動きを追ってみよう。

作戦開始後も、開始前と同じ手順で意思決定が行われる。指揮官と幕僚は、常に任務に立ち返り、自ら掲げた任務の「完遂」に固執する。任務の変更はおろか、その修正も、よほどのことがない限り検討の対象にはならない。指揮官の頭には、任務の修正や変更がかすめるかもしれないが、幕僚は任務の完遂を大前提に作戦を考える。

次いで、最前線や上級司令部からの状況報告を持ち寄って、幕僚たちが調整や会議を重ね、「ああでもない、こうでもない」と論議する。論議の成果は幕僚の「結論」として指揮官に報告され、指揮官が「最良の行動方針」を決定する。決定された行動方針をもとに、幕僚は詳細な計画（案）を作成し、指揮官の決裁を受ける。その後、命令が文書で発令され、意思決定過程は終了する。

命令が出されたら、指揮官や幕僚は命令の実行状況を確認するとともに、新たな状況報告を待つ。大部隊の夜間の戦闘は、通常、想定しないから、見るべき状況報告は昼間に集中する。前半夜の司令部は閑散としている。後半夜になって新たな意思決定過程が始まり、翌朝以降の作戦に備える。

師団レベルでは、意思決定過程、すなわち「計画策定」段階に半日以上かかることはざらだ。加えて、「実行」段階では、それ以上に時間がかかる。精強な部隊とは、この「実行」段階に要する時間が短いことをいうから、日夜、訓練を続けているわけだが。

ビジネスでも、日本企業の現場レベルでのOODAループは、実に素早く回っているといわれる。だからこそ、80年代から90年代中頃にかけて、タイム・ベース競争を制してきたのだろう。しかし、今では、現場レベルでの日米間の差は縮まりつつあるようだ。

一方、本社レベルでのOODAループは、欧米に比べて明らかに遅いことで有名だ。その原因はどこにあるのか。経営専門家はこぞって本社の「企画」段階、特に「根回し」や「稟議制度」にその原因があると指摘し、改善策を提言している。

90年代中頃から、欧米の企業は「企画」段階における時間の短縮にも強い関心を向けている。彼らは、この分野で米軍が一歩も二歩も先行していることを知り、米軍から学び取ろうと躍起になっている。本章では、ボイドの意思決定論を参考にしながら、経営テンポを速めるいくつかの具体的方法を提示してみよう。

1 時間短縮――実行から企画へ

「実行」段階での時間短縮

湾岸戦争後、米軍はナポレオン以来の軍事上の大変革である「軍事革命（RMA）」の推進を決意した。RMAの核心は軍事行動の達成目標を、地域の占領や制海・制空権の確保といった「面・空間次元の支配」から、「時間次元の支配」に転換することだ。そうすれば、消耗戦を回避し、敵部隊や武装勢力の精神的抵抗能力を消滅させることができる。

ビジネスの世界で時間的優位を武器として初めて活用したのは、実は日本の有力企業であった。戦後まもなく、日本企業は低い賃金を利用してコスト次元の競争を展開した。次いで70年代、品質で勝負するようになる。典型的な事例が自動車メーカーである。当時、米国車はいろいろな故障や不具合がしばしば発生していた。米国のような車社会では、車が故障すると生活に大きな支障をきたす。コストは幾分高くとも、故障しない日本車は飛ぶように売れた。

しかし、日本企業が品質面での優位を維持できるのは80年代中頃までであろう、と日本の企業家たちは読んでいた。ＮＩＥＳ（新興工業経済地域）製品の品質は急速に改善されつつあったし、米国企業は日本企業の品質管理の考え方や手法を猛烈な勢いで学習し始めていた。

そこで、日本の企業家たちは80年代の競争次元を模索するようになる。そこへ、「ＹＨ戦争」が勃発し、商品の多品種化が新しい競争次元になることを、彼らは学ぶ。しかし、それだけではない。「ＹＨ戦争」は、多品種化を可能にする「時間」が次世代のビジネスを左右する新競争次元であることも教えていた。

「多品種少量生産と、その背後にある時間短縮こそが勝敗の鍵」と見た日本企業に対して、米国企業は時間次元の競争になかなか目覚めることができなかった。ある米国の調査機関の発表を見れば、80年代の米国企業がいかに時間競争に無頓着であったか想像に難くない。その調査報告によると、当時、工場における全業務のうち、製品の価値を高める業務（部品の取り付けや塗装等）にかかる時間は、わずか０・５％から２・５％であったそうだ。ほとんどの時間は構成品の移動時間、不良品の抽出・修理時間、生産設備の整備・調整時間、そして「待ち時間（前の工程から送られてくるのを待つ、上からの指示を待つ、次回の会議を待つ等の時間）」といった無駄時間だったという。

ところが80年代末、ボイド大佐の「ＯＯＤＡループ意思決定論」を足掛かりにして、日本企業の強さの秘密が明らかになると、多くの米国企業がタイム・ベース競争力の威力に目覚めた。そして、トヨタやソニーから時間短縮のノウハウを学び取ろうと必死になった。その結果、90年代前半には、米国企業は日本企業に対して時間次元の競争力を回復したのである。

「企画」段階での時間短縮

いまや、タイム・ベース競争の本家本元である日本企業の時間的優位性は揺らぎつつあるようだ。日本企業は「企画」段階におけるスピードに問題があるらしい。多くの経営専門家が指摘するように、現在の日本企業は、「実行」段階の時間短縮では互角だが、「企画」段階でのタイム・ベース競争を意識しているところは極めて少ない。

時間次元の競争に勝つには、「実行」段階における時間の短縮だけでなく、「企画」段階の時間をも短縮しなければならない。情報化社会になると「企画」段階の時間差が決定的な意義を持つ。

工業化時代には、経営の全過程をこなす時間のうち「実行」段階の割合が大きかったから、リードタイムの短縮が企業経営のスピードを大きく左右した。市場ニーズの把握や方策の決定に要する時間が短縮できたとしても、それほど大きな改善にはならなかったのである。新車の開発を「企画」してからディーラーの店頭を飾るまで5年かかるとき、市場調査と意思決定会議に1ヶ月かかろうと、1ヶ月半かかろうと、経営活動に対する影響は決定的なものではない。それよりも、新しい車種を設計し、生産し、配送する日数の短縮、すなわちリードタイムの短縮こそが時間次元の勝敗を決めたのである。

しかし、情報化社会となり、ITを駆使することによって開発・生産・流通が大幅にスピードアップされるようになった。今日では、新車のトータル・リードタイム（「企画」と「実行」に要する時間）は30年前の3分の1、1年半だといわれる。その結果、「実行」段階でかかる時間の短縮には限界が見えてきたし、企業間格差もなくなってきた。当然のことながら、経営者の関心事も「企画」段階の時間短縮に移ってくる。

米国企業は90年代の中頃、米軍がボイドの意思決定論を手本として「軍事革命」を推進していることを知り、再びボイドの著作や講演記録を取り出して、再解釈を試みた。その結果、彼らは、ボイドの真髄である「奇襲」という攻撃的側面に気付いたのである。

米国のビジネスマンたちは、それ以降、「企画」段階における時間短縮に大きな関心を抱き始めている。今では、「企画」段階における時間短縮こそ、ビジネス奇襲を可能にする主要な手段だ、と彼らは見ているのだ。要するに、トヨタやソニーからではなく、米軍から学び取ろうと躍起になっている。

2　経営テンポを速める具体的方策

相互信頼

経営テンポを速める具体的方策を考えるにあたり、そのヒントをボイド大佐の意思決定論に求め、「相互信頼」「現場主義」「契約的管理」「直観力の活用」の4点について逐一考えてみよう。まず、「相互信頼」である。

経営テンポを速めるためには、経営者と中間管理者、そして従業員の間の相互信頼が基盤的な役割をはたす。相互信頼は連帯感を抱かせ、三者間の連携を容易にする。しかも、中間管理者や従業員個々のイニシアチブを促しながらそれを可能にするのだ。「自分は管理者である」という強制力にものをいわせれば、連帯感を保持することはできるかもしれないが、イニシアチブを犠牲にすることになる。

イニシアチブを決して犠牲にしてはならない。イニシアチブこそ、経営テンポを速める最も有効な手段である。方策を決定し、それを実行に移すため、「言われてやる」もしくは「許可を得てやる」のでは時間がかかりすぎる。戦闘機のパイロットは、自ら問題点を探し求め、自ら解決策を見出し、自ら直ちに実行に移すからこそ、機敏な行動が可能になる。

企業における中間管理者は、パイロットのように自ら実行することはできない。しかし、彼が経営者と強い信頼関係で結ばれているなら、経営者の意図に沿って、自ら問題を自主積極的に模索し、直ちに解決しようとするに違いない。そのためには、部下の実行状況をつぶさに観察し、問題点を洗い出し、自ら解決策を見出し、部下に実行させようと監督・指導・評価するだろう。

また、部下との相互信頼が醸成されている中間管理者は、彼が指示を出す前に、部下が自主的に「実行」に取り掛かることを期待できる。少なくとも、部下は「実行」の態勢を整えておこうとするだろう。それだけではない。部下からの積極的な問題提起や、現場感覚に溢れた意見具申も、相互信頼の賜物である。つまり、情報の流れを下から上に「逆流」させ、中間管理者の意思決定を迅速かつ容易にすることができるのだ。

相互信頼は経営者と従業員の間で「暗黙のコミュニケーション」を可能にする。「暗黙のコミュニケーション」は、書類や言葉よりも多くの正確な情報を迅速に伝達するから、経営テンポを速めることができるのだ。例えば、上司の顔つきや言葉の抑揚から、上司がその問題をどれほど深刻に受け止めているか瞬時に分かる。

しかし、以心伝心に頼るコミュニケーションには、大きな落とし穴がある。それは、相手に正しく伝わったかどうか確認できないということである。「部下は当然自分の考えていることを理解してくれているはずだ」と思い込み、結果的に裏切られるケースは多いだろう。多くの経営専門家は、リーダーの説得能力がビジネス意思決定では極めて必要であると説く。少なくとも重要な局面では、時間がかかっても、相手に確実に理解できる文章や言葉でコミュニケーションをとるべきだというのである。

しかし、文章や言葉はコミュニケーションの方法として重宝がられるよりも、むしろ「自己保身」の手段としてしばしば活用される。上司は「確実に部下に伝達した」ことを示す証拠として、部下は「失敗の原因は自分にはない」ことを示す証拠として、記録や説明が必要であると考えるのだ。「記録に残す」とか、「説明を要する」ということは、相互信頼が欠如している場合が多い点に留意すべきである。

現場主義

現場主義とは、現場の権限や責任を強化することをいう。本社ではなく、現場が企画し、実行するのである。もちろん、自らの企画については、現場が責任を持つことになる。トラブルが起こった場合にも、現地・現物に照らして解決する。問題が工場の生産ラインで起こっているなら生産ラインで、販売で起こっているなら販売で原因を徹底してチェックし、解決する。いちいち本社の意向を聞いたり、指示を待っていたりしたのでは間に合わない。

これまでのように、本社が「頭脳」であり、現場は「手足」であるという考えでは、「時間次元の競争」に勝てない。現場に「頭脳」の一部を移植し、機能の一部を分担させるのだ。そうすることによって経営テンポを速めることができる。例えば、店舗サイドが顧客のニーズを見積り、企画した製品をメーカーや問屋に発注するのだ。もちろん、店舗サイドがリスクも負う。

流通業界では、ＰＯＳ（Point of Sales：販売時点情報管理）システムが普及しているが、その有効性には限界がある。たしかに、このシステムは店舗─問屋─本社─工場のヒエラルキーを「中抜き」して、どの商品が「いつ売れたか」「どのくらい売れたか」について正確な情報を本社に伝えることができる。したがって、本社は、広範な情報を正確に、しかも速く入手できるから、企画権は本社に集中すべきだと考えるかもしれない。

しかし、「シルバー・ブレッド（科学技術万能主義）」に頼ってはならないし、ＰＯＳシステムはシルバー・ブレッドになりえない。ＰＯＳシステムは、世間で売れている商品が自社の店舗に置かれていない場合や、明日売れる商品については教えてくれない。したがって、店舗が他店の状況を調査したり、明日の地域のイベントや天候を自ら考えたりして商品を発注することが必要である。

店舗自らが「状況判断」し、「決定」して注文し、販売する。そしてその結果を「検証」して新たな「知識」情報を得る。その情報は次の「状況判断」に反映させる。このような「企画」と「実行」のサイクルは、店舗を支えるパートやアルバイト社員、そして店長の意欲的で、積極的な経営につながるに違いない。そのイニシアチブが、少しでも新しい情報を他店よりも1秒でも早く集める努力につながる。ボイド大佐の言葉を借りれば、店長や店員はいまや「戦略的伍長」なのである。

この際、店長や店員のリスク・テイキングが重要である。リスク・テイキングとは、「許容できるリスク」ならば、勇気を持って企画を実行することである。店舗側が顧客のニーズを予測して製品を発注するなら、予測に反して「売れ残し」や「売り逃し」の可能性がある。それを避けるには、顧客の欲しいときに、欲しいものを供給すればよい。

そこで、店長や店員は、顧客のニーズを予測する確実な情報を集めようとギリギリまで努力するだろう。「この程度の売れ残りが出ても、やむをえない」と判断したとき、製品を発注することになる。このとき、店舗側は考えるだろう、「もっと時間があれば、売れ残しも、売り逃しもない発注ができるのに……」と。したがって、発注から販売までの時間を短縮したいというインセンティブが生まれるのである。

契約的管理

日産自動車の会長カルロス・ゴーン氏は各種の経営目標を設定するにあたり、現場の社員を含め多くの部下と激論を交わし、彼らにイニシアチブを発揮させたといわれる。これこそがボイド大佐の説く「契約的指揮」のビジネス版である。

部下は「自分は何を達成すべきか」に関して上司との間に合意を見出す一方、上司は「いかなる手段、方法で達成するか」について部下の行動の自由に同意する。これが「契約的管理」である。

もし、部下が「上司の考える自分の目標は現状に合っていない」とか、「必要な手段を付与されていない」と思った場合、その目標の実現の可能性について異を唱える権限を与えられている。他方、上司は実現の可能性について同意が得られたら、部下が行動に出て、自らの目標を達成してくれるものと期待することができる。

なぜ、「契約的管理法」がビジネスで有効なのであろうか。

まず、部下が自らの能力とその使用要領を一番よく理解しているからである。管理者側は、部下の目標が「いかなる意義を持っているか」については誰よりも理解しているに違いない。しかし、「目標を実現できるかどうか」、そしてその際に「コストとリスクはどの程度覚悟しなければならないか」については、部下の方が熟知しているのである。

もう一つの理由は、部下のイニシアチブを期待できることである。自らの目標設定という重要な意思決定プロセスに参画した部下は、当事者意識を持ち、イニシアチブを発揮するだろう。また、議論を通じて管理者と部下の間に相互信頼が増大するに違いない。前述したように、相互信頼こそイニシアチブの基礎である。

契約的管理法において、管理者側は自らの目標と、その目標達成の暁には「どのような光景が約束されるのか」を明確に示さなくてはならない。しかし、部下の追求する目標を明示し、強制してはならない。部下の意見やアイディアを真摯に聞き、積極的に受け入れる開放的態度が必要だ。

ときには激しい議論を交わすこともあろう。それが時間の無駄になるよりも、相互信頼を生む方に導くことが大事だ。そのためにも、日頃から相互信頼を醸成しておかねばならない。相互信頼が欠如している状況で、「契約」を取り付けるために行われる激論は失望と憎しみを生み、しかも貴重な時間を失ってしまう。

ひとたび同意が成立したなら、社員は同意事項に拘束されるが、それ以外のことに関しては自分の考え通りに物事を決め、処置することができる。したがって、イニシアチブを発揮して、献身的に働くようになる。

直観力

その道のプロといわれる人々は例外なく、状況を正しく把握し、「いつ、何を、どのようにしなければならないのか」について見極める直観力を持っている。つまり、単なるデータの積み重ねや論理的分析を超えた「閃き」で意思決定を行うのだ。この直観力を働かすならば、一瞬のうちに問題点を見つけ、解決してしまう。他人から見れば、悩む様子など微塵も見えない。あたかもマジックのように思えるものである。

直観は大別して2種類のケースで決定的役割をはたす。一つは、複数の異なる方策の中から最良のものを選定する場合、甲乙がつけ難く、最後は直観で決めるケースである。「あれも良さそうだな、でもやっぱりこっちも悪くないし、困ったぞ」といった場合、直観がものをいう。分析的意思決定法でも、しばしばこの種の事例に遭遇する。

もう一つは、瞬時に判断して行動に移らなければならない場合に発揮する直観力である。プロ野球の選手でベテランの外野手などは、長い経験から、バッターが球を打った音を聞いただけで、飛んでくる方向や飛距離が直観的に分かるという。もちろん、いずれの直観力も経験を積み、注意深く学習し、訓練を反復することによって養うことができる。

ボイド大佐が重視する直観力のタイプは、あれこれ悩んだ後に威力を発揮する能力ではなく、瞬間的な直観力、すなわち状況の急激な変化に適応する方策を瞬時に決定する能力である。そのような能力はOODAループを速く回転させるのに大きく寄与する。

ビジネスの世界においても同じであろう。経営トップであろうと、現場の従業員であろうと、その意思決定においては、個人の直観力を働かすことが必要である。ボイドの弟子たちは、トヨタ・グループの「カイゼン」に見られる直観力重視の姿勢を事例としてたびたび取り上げる。

トヨタ・グループでは、「カイゼン」を「自律神経化」しようと努力しているという。「自律神経化」とは、いちいち頭で考えなくても自然に「カイゼン」をやり続ける習性をつけることをいう。このような「トヨタのDNA」があれば、トラブルが起こりそうなら、あるいは起こったなら、いつの間にか解決策がとられるようになる。解決するために立ち止まって検討し、決断することなどない。一瞬のうちに問題点を見つけ、いとも簡単に解決策を講じる。他人から見れば、「カイゼン」の苦労など見えないであろう。まさに、マジックを見ているようなものである。

「自律神経化」を達成するには、経験や学習が必要である。ベテランでない経営者や従業員はトラブルの原因を見誤ったり、効果のない解決策を講じてしまったりするかもしれない。そのときは、別の方策を淡々とやってみればよい。仮説を立て、検証を繰り返せば、そのうちに効果のある改善策にぶち当たる。ベテランになればなるほど、情報―判断―仮説―検証―情報のサイクルを繰り返す回数は少なくなる。しかも、いとも簡単にやってのける。

要するに、ボイド大佐の意思決定論は次の三つのことを、ビジネスマンに暗示している。①情報化社会の企業リーダーは、直線的・一方向的な意思決定法だけでなく、ループ型意思決定法にも習熟していなくてはならない。その上で、②ループ型意思決定の時間を短縮すること、特に「企画」段階の時間短縮に努める必要がある。このため、社員のイニシアチブと直観力の発揮を重視すべきである。③意思決定の時間競争で優位に立つことができれば、ビジネスにおける「消耗戦」を回避できるだけでなく、顧客ニーズの「創造」さえも可能である。

9章　任務の理解

【9章のポイント】

過去半世紀にわたって自衛隊は「分析的意思決定法」を信奉し、教育・訓練を重ねてきた。ドクトリン化されたこの意思決定法は、時間的に切迫している状況や、急激に変化する状況では役立たない。情報化時代に予想される戦争や抗争・対立は、まさにこのような状況に違いないのである。

しかし、本書は「分析的意思決定法」を廃し、「直観的意思決定法」の全面的採用を訴えているわけでは決してない。問題は「分析的意思決定法」のみを軍事意思決定法と見なし、あらゆる状況においてこの方法を活用しようとしていることにある。状況が異なれば、それに応じるより効果的な意思決定法を適用すべきである。

作戦開始前に策定される全般作戦計画は、多くの場合、時間をかけて綿密周到に策定することができる。その場合には、「分析的意思決定法」が威力を発揮するだろう。同様に、ビジネスにおいても、時間をかけて慎重に方策を決める方が推奨されることも多いに違いない。

一方、作戦開始後は時間との戦いであり、ループ型の「直観的意思決定法」が多くの場合、推奨されよう。そこで、第三部では、「全般作戦計画型の分析的意思決定法」（9章、10章、11章、12章）と「作戦実施型の直観的意思決定法」（13章）の手順を詳述することにしたい。

全般作戦計画を策定するための「分析的意思決定法」は任務の受領に始まる。そして任務がこの意思決定法における中心的な役割を演じる。任務には、3種類ある。第一は、上級部隊指揮官から意思決定者が受領する任務である。第二は、受領した任務を、意思決定者である指揮官が分析し、自ら達成しなければならない具体的事項で言い直した任務である。この任務は「言い換えられた任務（Restated Mission）」といわれる。第三は、意思決定者が実際に遂行する任務で、命令として下級部隊に下達する。

上級部隊指揮官から任務を受領すると、指揮官は直ちに任務を分析し、「言い換えられた任務」に転換する。そして「言い換えられた任務」を前提として、事後の意思決定過程に進む。「任務の分析」が適切であれば、与えられた任務を達成する方策、すなわち行動方針を考え出す「糸口」が見つかる。したがって、「全般作戦計画型の分析的意思決定法」の全過程のうち、「任務の分析」は特に重要な段階である（付図11「任務の理解」の思考過程）。

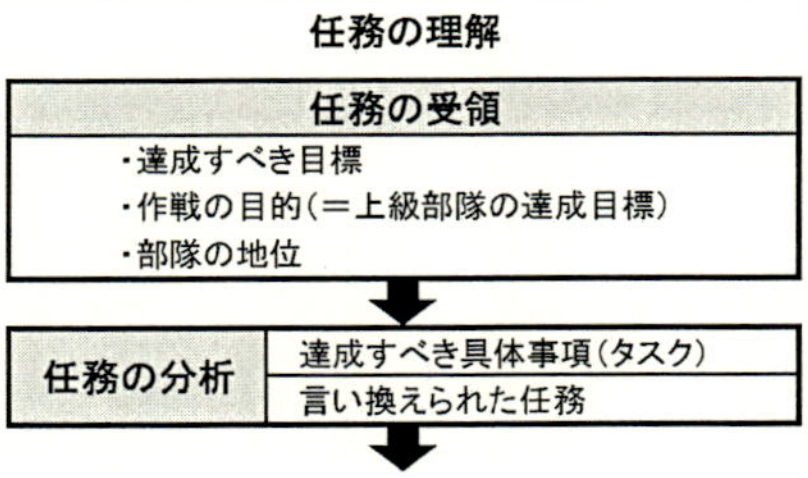

付図11「任務の理解」の思考過程

1 任務の受領

達成すべき目標

上級部隊指揮官から与えられる任務の内容には、「達成すべき目標」、「作戦の目的」、それに「部隊の地位」が含まれる。任務の核心は「達成すべき目標」である。「作戦の目的」と「部隊の地位」は「達成すべき目標」に枠組みを設けるものにすぎない。

「達成すべき目標」は4W1H、すなわち「誰が（作戦実施部隊）」「何を（作戦行動の種類）」「いつ（作戦開始時機や期間）」「どこで（作戦地域）」「いかに（使用する兵力・装備）」で示される。ただし、「いかに」は、西欧の軍隊では、任務を受領した指揮官が考えるべきことになっており、通常、明示されない。任務を受領した指揮官は、その方がイニシアチブを発揮できるからである。しかも、その指揮官こそ、彼の部隊の能力とその使用要領を一番熟知しているのであって、任務を付与した上級指揮官ではない。要するに、西欧の軍隊は「指導型指揮法」を採用しているのである。

任務は、部隊が行動する準拠となるものであるから、具体的で、疑義のないことが大原則である。したがって、任務の核心である「達成すべき目標」は漠然とした表現、抽象的な表現をできるだけ避けるべきである。

しかし、部隊が大きくなったり、長期間、広範囲に行動したりする場合は、そうはいかない。どうしても「達成すべき目標」の示し方には、「幅」が必要となる。師団や旅団のような大部隊はさまざまな能力を持った多数の部隊から構成されているため、ピンポイントの場所や厳密な日時を指定すると、本来持っている大部隊の能力を発揮できないからである。

また、行動する範囲が広くなったり、期間が長くなったりすると、任務を付与された場所や時点の状況とは異なる状況に置かれることも多々あろう。そうなると、任務が厳密で、具体的なら、その部隊の保有する裁量の余地がなくなり、状況の変化に対応できない。

任務に「幅」があれば、「地位」や「目的」に照らして、より積極主導的に任務を遂行したり、あるいは状況が極めて不利となった場合においても、最小限の目標の達成に全力を傾注したりすることもできる。したがって、上級部隊指揮官から示される「達成すべき目標」は漠然として、抽象的なものとならざるをえない。

さらに、上級部隊指揮官は「達成すべき目標」の中で、彼の願望を明確には示さない。「達成すべき目標」は通常、「必ず達成すべき事項」のみを明示し、「達成することが望ましい事項」は明示しない。

「必ず達成すべき事項」とは、最小限の達成事項であり、最悪の事態においても、なおかつ達成しなければならない「ギリギリ」のものである。したがって、任務を受領した指揮官は、これをベースにして行動方針を決めたのでは、任務を達成したとはいえ、満足すべき成果とはいえない。

「達成することが望ましい事項」を明示しない理由は、上級部隊指揮官よりも、任務を与えられた指揮官の方が「どこまでやれるか」をよく分かっているからである。しかしながら、上級部隊指揮官は「能力があるなら、こんなことをやってほしい」と期待したり、「状況が有利ならば、ここまでやってもらいたい」と考えたりしている。任務を受領した指揮官は、上級部隊指揮官のこのような願望を明察して、これをできるだけ反映する行動方針を考えなければならない。

作戦の目的

「作戦の目的」とは、「なぜ、目標を達成しなければならないか」を示すものである。つまり、「達成すべき目標」を決定する上での根拠である。4章で使用したマイホーム購入の事例でいえば、「手狭な現状から脱し、家族が快適な生活を送ること」である。

軍事的思考では、目的と目標は厳格に区別される。目標は「誰が、何を、いつ、どこで、どのような手段で達成すべきか（4W1H）」であるが、目的は「何のためにその目標を達成すべきか（Why）」を意味する。

目的と目標は「全体」と「個々」、あるいは「上」「下」の関係にある。例えば、上級部隊がAという目的を達成するために、(A)という目標を追求する場合を考えてみよう。この場合、上級部隊の目標(A)が自分の部隊の目的になるのだ。(A)という目的を達成するため、自分の部隊はアという目標を、隣の部隊はイという目標を追求する。そして部下部隊はアという目的を達成するため、独自の目標を追求する（付図12　作戦の目的と目標の関係）。

作戦の目的と目標の関係

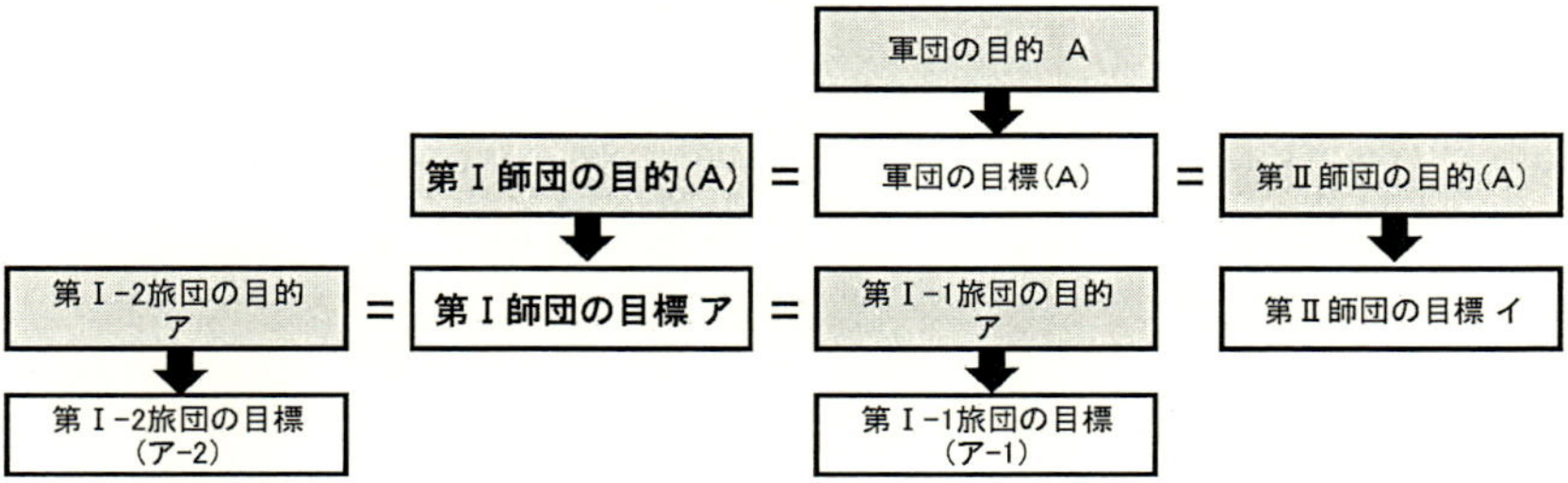

付図12　作戦の目的と目標の関係

「作戦の目的」は「達成すべき目標」に枠組みを与える働きをするが、任務の中で明示されないことがしばしばである。というのは、任務とは、部隊が行動するために必要なことのみを簡潔に述べたものだからである。部隊が行動するのに、行動の目的、つまり「なぜ（Why）」は必要不可欠な言葉ではない。

「作戦の目的」が明示されていない場合は、自分の部隊は「何のために目標を付与されたのか」、あるいは自分の部隊が付与された目標を達成することによって、上級部隊は「何ができるようになるか」を考えて、明察する。もし、それでも分からないなら、上級部隊の作戦計画を取り寄せたり、連絡幹部を派遣したりして上級部隊の目標を把握する。上級部隊の目標が、前述したように、任務を受領した部隊の「作戦の目的」となる。

部隊の地位

最後に、「部隊の地位」を説明しよう。「部隊の地位」とは、主力部隊との関係で自分の部隊が置かれている立場のことである。マイホーム購入の事例では、「自分は父親として、マイホーム購入の全責任を負っている」という立場にある。

「部隊の地位」は地域的な立場と時間的な立場がある。地域的な立場とは、例えば、自分の部隊は「最も重要な正面に立つ（主攻撃部隊という）」とか、「後方に控えている（後方部隊という）」とかいうことである。時間的な立場とは、「先発（第一線部隊という）」として使用されるとか、それとも「中継ぎ（予備部隊という）」や「押さえ（戦略予備部隊という）」として投入される、といったことを指す。

「部隊の地位」は「作戦の目的」と同様、「達成すべき目標」を決定する上での前提となる。例えば「先発として、××をせよ」と命ぜられた場合、「先発」が地位を示しているが、それがなくても「何を達成すべきか」は「一応」判断できる。つまり、「××をせよ」だけで、自分の部隊のやるべきことは「一応」読み取れる。しかし、作戦の原理・原則を熟知している人なら、「部隊の地位」が示されることによって「××をせよ」の真の意味を自然に承知できる。

ここでいう、作戦の原理・原則とは、古来幾多の戦史や戦例から導き出された経験的法則であり、作戦を有利に導くために考慮しなければならない普遍的事項である。それは、「戦いの原則」のように基本的な原理・原則のほか、任務・地形・装備・国民感情等に応じた各種のドクトリン（公式の原則）を含む。

例えば、プロ野球で「先発として、5回まで抑えろ」と命ぜられた投手は「監督は初回から全力投球を望んでいる」と言外にある意味を、瞬時に読み取ることができる。これは、監督と投手の間には、長い野球経験によって培われた共通認識、すなわち投手起用の原理・原則が存在するからである。

マイホーム購入の場合は、「父親が物件を最終的に決定し、その物件を購入する費用の大部分を負担しなければならない」ということが人生経験上の原理・原則である。

2　任務の分析

「達成する具体的事項（タスク）」

指揮官と幕僚は、任務を受領したなら、与えられた任務の分析にかかる。任務分析の目的は、任務達成の方策、すなわち行動方針を考え出すためのヒントを得ることである。

任務分析の要領は、まず、受領した任務の中に明示された「達成すべき目標」を検討する。部隊が「達成すべき目標」を行動の拠り所にするには、これを具体的に捉える必要がある。つまり、自分の部隊が「達成する具体的事項（タスクという）」を明らかにするのだ。

自分の部隊の「達成する具体的事項」を把握するには、上級部隊指揮官から下達された命令の中に明示された「達成する具体的事項」と、命令には明示されてないが、推察される「達成する具体的事項」を考えればよい。前者を「明示されたタスク（Specified Tasks）」、後者を「暗黙のタスク（Implied Tasks）」という。

「明示されたタスク」は、いかなることがあろうと達成しなければならない具体的事項である。マイホーム購入の事例でいえば、「自分は（Who）」と「マイホームを購入する（What）」が「明示されたタスク」である。

「明示されたタスク」が「Must」であるのに対して、「暗黙のタスク」は「What」である。つまり、明示されてはいないが、達成することが望ましい具体的事項をいう。「暗黙のタスク」は、自分の部隊の能力でらくらく達成可能なタスクもあれば、達成できないものもある。しかし、どのような「暗黙のタスク」でも、それを達成すれば、必然的に「明示されたタスク」を達成することになる。

「暗黙のタスク」は、作戦の原理・原則を熟知する人なら、命令の内容をよく読み、地形・気象や彼我の能力の概略を把握するだけで比較的簡単に考え出すことができる。マイホームの事例では、マイホームを購入する目的、手持ち資金、将来の人生設計等を考えて、次のような「暗黙のタスク」を導き出すことができる。定年までの長期ローンを30年組めば「4000万円までは何とかなる」、25年なら「3000万円だ」、「通勤距離内」が好ましいが、単身赴任を考え、「週末帰宅可能な距離」という案もある、年内に第二子が誕生するから「2年以内」に、「家族4人ないしは5人用」のマイホームを購入しなければならない、と。

「明示されたタスク」と「暗黙のタスク」のリストアップができたなら、すべてのタスクを検討する。「暗黙のタスク」の中には、「明示されたタスク」を簡単にクリアーでき、しかも容易に実行可能なものもあろう。例えば、単身赴任を考えれば、３０００万円以下でもマイホームは持てる。反対に、「明示されたタスク」は達成できるが、実行できそうにない「暗黙のタスク」もあるだろう。４０００万円で、５人用のマイホームを通勤距離内に求めることは難しいかもしれない。相当、探し回らなければならないだろう。

「明示されたタスク」および「暗黙のタスク」についての検討が終わったら、「暗黙のタスク」の中から、できるだけ「達成することが望ましいタスク」で、実行可能なタスクを選定する。このタスクを「本来タスク（Essential Tasks）」という。

マイホーム購入の例で「本来タスク」を説明してみよう。あなたが積極的な人ならば、「本来タスク」は、「自分はマイホームを購入する」、それは、「４０００万円以下」で、「家族５人用の物件」を、「通勤距離内に見つけ」、「2年以内である」というものになるだろう。

「言い換えられた任務」

「本来タスク」が明らかになると、上級部隊指揮官から与えられた「達成すべき目標」を「本来タスク」に置き換える。次いで、「本来タスク」を、「作戦の目的」および「部隊の地位」と合体させて「言い換えられた任務」とする。

「手狭な現状から脱し、家族が快適な生活を送るため、父親としての自分は、４０００万円以下で、家族５人用のマイホームを、通勤距離内に見つけ、2年以内に購入する」。これが「言い換えられた任務」である。

この「言い換えられた任務」が事後の思考の前提となる。したがって、「言い換えられた任務」、とりわけ「本来タスク」は、作戦開始前の意思決定で極めて重要な働きをする。

受領した任務の中で明示された「達成すべき目標」は、前節で述べたように漠然とした表現、抽象的な表現が使用されているため、このような「言い換え作業」を必要とするのである。さらには、上級部隊指揮官は、部下部隊のイニシアチブを期待して、必要不可欠な要素しか「達成すべき目標」には含ませないためでもある。

「言い換え作業」を必要とするもう一つの理由がある。それは、「言い換え作業」の成果として「何が分かっていないのか」、したがって「何を判断すればよいか」を明確にすることができることだ。この「何を判断すればよいか」が行動方針を考え出すための糸口となるのである。

任務分析によって、「本来タスク」を核心とする「言い換えられた任務」が明らかになると、これをもとにその後の意思決定過程を踏むことになる。事後、本書では、特にことわらない限り、「言い換えられた任務」と「本来タスク」を単に「任務」、「タスク」ということにする。

任務分析が終わったら「見積り（Estimate）」の段階に入る。「見積り」段階は、次の４つに大別できる。すなわち、①状況を把握する過程、②任務を達成するための方策（行動方針という）を複数考え出す過程、③各行動方針を分析・検討する過程、④各行動方針の優劣を比較し、「最良の行動方針」を選択する過程である。次章では、「見積り」のうち、状況を把握し、方策を考え出す過程を説明しよう。

第三部　軍事意思決定の手順

10章　状況の把握と行動方針の案出

【10章のポイント】

意思決定に関するビジネス書を手に取ると、そのほとんどが問題解決の妙案を考え出す秘訣に多くのページを割いている。「過去の成功体験に引きずられるな」とか、「背水の陣を敷いて考えろ」等がそれである。

これらビジネス書のいわんとしているところは「意思決定者は鋭い洞察力と豊かな創造力を潜在的に持っている。だから発想さえ変えれば、ヒット商品を生み出す妙案がわいてくる」というものだ。わずかな知的刺激が潜在的な洞察力と創造性を開花させることは確かだが、十人が十人、鋭い洞察力や豊かな創造性を潜在的に持ち合わせているわけでもあるまい。十人並みの能力しか持っていないけれど、適切で、堅実な方策を考え出すことができる、そのような意思決定法こそ必要である。

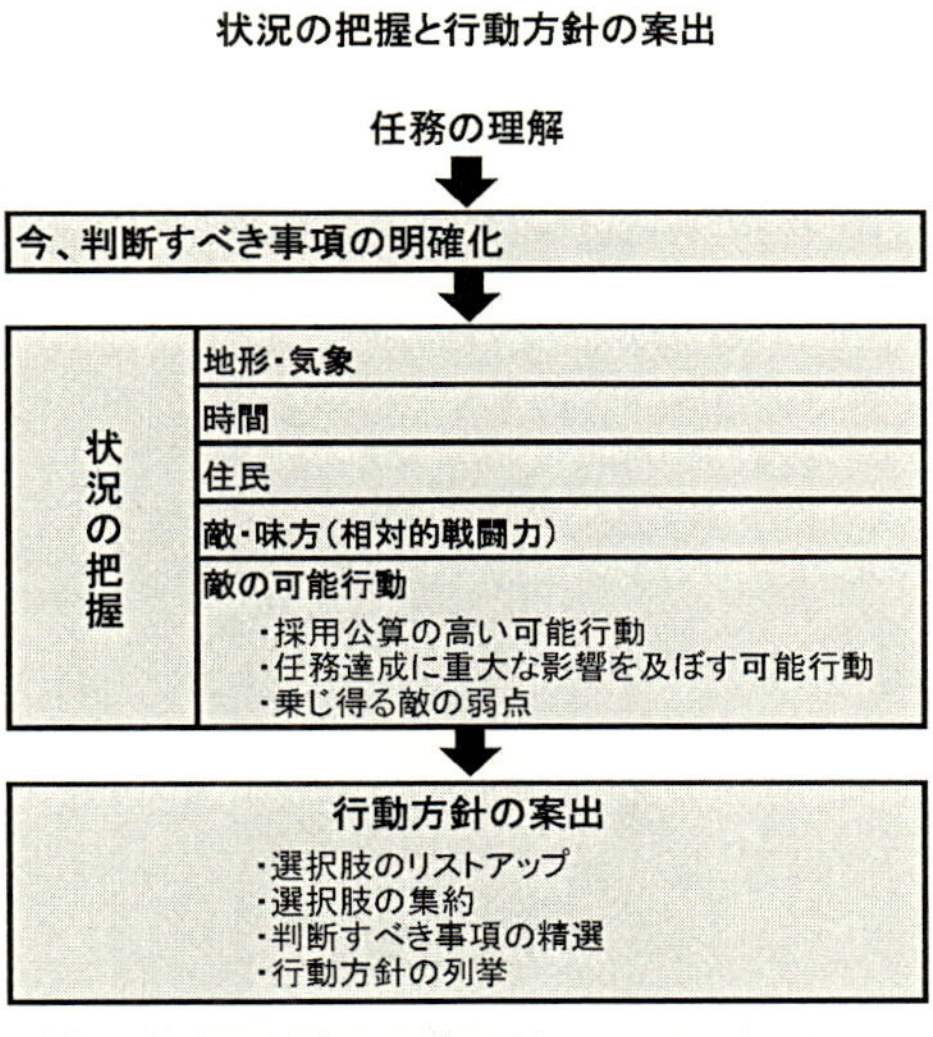

付図13「状況の把握と行動方針の案出」の思考過程

「分析的軍事意思決定法」では、士官学校出たての若い将校でも、手順さえ踏んで考えれば、適切で、堅実な解決策を考え出すことができるように仕組まれている。後は、その手順に「どれだけ慣れているか」と、作戦に関する知識、特に原理・原則に「どれだけ通暁しているか」である（付図13「状況の把握と行動方針の案出」の思考過程）。

1　今、判断すべき事項の明確化

「判断すべき事項」のリストアップ

前章で述べたように、受領した任務を分析することによって「（本来）タスク」が明らかになり、それが「（言い換えられた）任務」を構成する。と同時に、任務分析によって、「何が分かっていないのか」も見えてくる。つまり、与えられた任務を分析するだけでは、問題は分かったが、解答は得られない事項が判明する。解答を得るためには、どうしても、「大きな判断」を必要とする。この即答困難な問題をリストアップし、それを糸口にして行動方針を考え出す。

マイホーム購入を例にとると、「自分」は、「マイホームを購入する」、それは「4000万円以下」で、「家族5人用の物件」を「通勤距離内」に見つけ、「2年以内」であるということまでは、比較的簡単に決めることができる。しかし、「土地をどこに求めるか」「宅地面積はどのくらいにするか」「マンションにするか、一戸建てにするか」「新築にするか、中古住宅にするか」「メーカーはどこが良いか」等々、すぐには決めかねることも浮上してくる。普通の人にとっては、これらの問題は思案のしどころ、つまり大きな判断事項である。

作戦においては、「どのようにして行動するか（How）」は、与えられた任務の中で明示されていないどころか、暗示さえされていない。また、「いつ行動するか（When）」に関しても、「速やかに」とか、「明日」といった漠然とした表現が使用され、「何日何時か」は、命ぜられた指揮官自らが決めなければならない。「何をするか（What）」さえも、「敵を阻止せよ」とか、「敵を撃破せよ」といった抽象的表現が用いられることがよくある。

これらの漠然とした、ないしは不明な点は、指揮官が「作戦の目的」や「部隊の地位」、それに敵情、味方の状況、地形・気象・住民の概略を把握しているとしても、簡単には具体化されない。どうしても、詳細な検討を必要とする。このような詳細な検討を必要とする事項を「判断すべき事項」といい、これをリストアップするのである。

「今、判断すべき事項」の意義

「判断すべき事項」がすべてリストアップされると、「いつの時点の判断事項か」を考える。そして、「今」判断すべき事項だけを取り上げる。直ちに判断しなければならないことと、状況が煮詰まってから判断した方がよいこととを区別するのだ。年内に、場所・宅地面積・建物の種類を固め、来年早々、「ハウジング・メーカーをどこにするか」を決めるべきだ、と考える人は当面、場所・宅地面積・建物の種類だけを考えればよい。

「今、何を判断すべきか」を誤ると、事後の思考が論理的で妥当なものであっても、最悪の決定、ないしは無駄な決定をしてしまう。「今、何を判断すべきか」に取り組まず、いきなり不動産屋やハウジング・メーカーに足を運び、パンフレットをかき集めても、家探しにはあまり役立たない。時間と労力を無駄にしてしまう。

また、不動産屋やメーカーには、多種多様な魅力あるオプションがあり、目移りして「とうてい合理的な決断などできそうにない」と考え、運を天に任せて決定することになるかもしれない。場合によっては、弁舌さわやかなセールスマンの説明に、目的とはかけ離れた物件、背伸びした物件に飛びつくこともあろう。

特に、軍事意思決定においては、「今、判断すべき事項」と「今はまだ、判断する必要がない事項」を区別することが極めて重要である。安定した日常生活と違い、戦場における状況は敵の存在によって急変し、対応が遅れると、勝機を失したり、劣勢に陥ったりしてしまう。したがって、指揮官は、「今、判断すべき事項」は、たとえ漠然とした状況で、判断できそうにない場合でも、遅疑逡巡することなく、直ちに判断しなければならない。

一方、「今はまだ、判断する必要がない事項」は後に回した方がよい。時間が経てば、状況は明らかになる。状況が判明した時点で、じっくり検討すればよい。その方が「最良の行動方針」を選定できる。

加えて、拙速を重んじるあまり、敵の可能行動を十分把握することなく、「根拠のない直感」で行動方針を決め、行動に出るなら、兵を徒労させたり、奇襲を被ったりするかもしれない。なぜなら、部隊というものは、それが大きくなればなるほど、機敏性が低下するからである（工業化時代の軍隊は特に鈍重であった）。したがって、「今はまだ、判断する必要がない事項」を「今、判断すべき事項」から切り離すことは、非常に重要である。

また、「今、判断すべき事項」の「今」は、「選択肢」を絞り込むための有効な手段でもある。作戦に限らず、社会生活でもリストアップされる「判断すべき事項」は広範多岐にわたる。そして、各判断事項は、これまた多数の「選択肢」を抱えているから、順列組み合わせで、考えうる行動方針をリストアップしてみると何百にもなる。マイホームの場合でも、場所・宅地面積・建物の種類・メーカー等の「判断すべき事項」があるし、場所も、宅地面積も多数の「選択肢」を持っている。

時間を節約し、思考上の重複・混乱を避けるため、「選択肢」の絞り込みがどうしても必要になってくる。したがって、「今」、判断すべきことを探し出し、その判断事項にもとづく「選択肢」を考え出すのである。

「今、判断すべき事項」を明確にする方法

「今、何を判断すべきか」を明らかにするには、どのような思考過程を踏めばよいのだろうか。作戦においては、まず、「今は、どの作戦段階か」を正しく認識することによって、これが可能になる。

作戦はいくつもの段階に区分される。大別すると、①敵との接触の恐れのない「移動段階」、②敵との接触が切迫した状況下での「前進段階」、③敵と接触する「交戦段階」、④敵との交戦が終わり、「次の作戦に備える段階」である。これら4つの作戦段階を考慮して「今、何を判断すべきか」を見出すのである。

作戦段階を把握したら、その段階に応じて「判断すべき事項」を特定し、「選択肢」を列挙することができる。「今」が「移動段階」ならば、移動の目標や移動の経路等が「判断すべき事項」となり、移動目標の具体的な地名や道路名が「選択肢」としてあがってくる。「タスク」として、すでに移動目標である地名が具体的になっているなら、移動目標を判断する必要はない。その場合には、まだ明確化されていない移動の経路を「判断すべき事項」とし、具体的な道路名を「選

択肢」とする。

また、「今」が「交戦段階」なら、作戦の形態・作戦方向等が「判断すべき事項」である。作戦の形態については、「攻撃するか」、「防御するか」等が「選択肢」となる。「攻撃する」ことが分かっているなら、「判断すべき事項」は作戦の形態ではなく、作戦方向になる。そして攻撃方向の具体的な地名が考えうる「選択肢」としてリストアップされる。

2　状況の把握と敵の可能行動の予測

状況の把握

作戦段階に応じて「今、判断すべき事項」が明らかになれば、それに応じる「選択肢」を考え出す。そのためには、まず、作戦地域における地形・気象・住民の状況、敵情、味方の状況について、その事実ならびに事実から推定される事項を明らかにする。敵情・味方の状況については、彼我の戦闘力の差（相対的戦闘力という）を特に検討する。

地形・気象・住民の状況に関しては、それらの特性と、「任務」の達成に及ぼす影響について把握する。地形・気象については、敵とわれにとっての観測・射撃・隠蔽・移動・通信等の難易さを検討する。住民の状況には、政治的・経済的・社会的・心理的要素を含める。

敵情は、敵に関する最新の情報にもとづき、われに関係ある敵の兵力・編成・組織・配置・兵站状況を明らかにする。また、敵の最近および現在の顕著な活動、特性・弱点等も大事である。

味方の状況には、わが部隊の現在の兵力・編成・組織・配置・士気・練度・兵站等について把握する。この際、部下部隊だけでなく、上級・協力・支援部隊も含める。

相対的戦闘力は、兵員数や戦車・火砲の数といった量的な比較だけでなく、士気・訓練の程度、兵器の性能なども加味したものである。また、相対的戦闘力は時間的変化、すなわちその推移も予測しなくてはならない。例えば、「当初の間、わが部隊の戦闘力は敵の4倍であるが、1週間後には逆転し、敵の三分の一になるだろう」といったように把握する。

相対的戦闘力が明らかになると、敵戦闘力の弱点と自分の戦闘力の利点、それに敵と自分の部隊にとって「どのような作戦の形態が実行可能か（例えば、攻撃が可能か、防御が可能か）」が明確になる。兵員・火砲・戦車、いずれの戦闘力にも劣る状態で正面攻撃を企てるなら、自殺行為である。

「敵の可能行動」の予測

次に、敵の立場にたって、わが「任務」の達成に影響を及ぼす「敵の可能行動」を予測する。このためまず、一応実行の可能性があり、わが「任務」の達成に影響を及ぼす「敵の可能行動」をすべて列挙する。その後、わが任務の達成に及ぼす影響の少ないものを除外するとともに、影響度の差の少ないものを総合・整理する。そして、敵が採用する公算が大きいものから順位をつけ、その根拠を明らかにする。

また、敵が採用する公算の大小にかかわらず、わが「任務」の達成に重大な影響を及ぼす（敵の）可能行動についても考察する。このことは奇襲されないために特に重要である。さらに、敵の弱点のうち、われの乗じ得るものがあれば、これも明らかにする。

3 行動方針の案出

「選択肢」のリストアップ

敵の可能行動が予測できたら、判断事項ごとに、「選択肢」をすべてリストアップする。すべての「選択肢」をリストアップするのは、挑戦的な「選択肢」を見落としたり、「根拠のない直観」だけによって「選択肢」を考え出したりすることを避けるためである。この際、ブレイン・ストーミングは極めて有効なテクニックである。この方法を活用することによって、洞察力と創造性が発揮できるだけでなく、思考の範囲が拡大される。

すべての「選択肢」を考え出せば、その数は相当なものになる。「根拠のない直観」ではなく、論理的思考にもとづき「選択肢」を考え出そうと思うと、「あれも考えられる、これもある」とリストアップすることになる。

すべての「選択肢」をリストアップしたなら、ＭＥＴＴ-ＴＣ（任務、敵情、味方の状況、地形・気象の状況、時間的余裕、住民の状況）を考え、次の三要件を満たす「選択肢」を選び出す。第一の要件は、もちろん、大損害をもたらすことなく「任務」を達成できるものである。「任務」の達成に役立たない「選択肢」など考えるに値しない。また、「任務」の価値に釣り合わない大損害が予測される「選択肢」も、リストアップするわけにはいかない。

第二は、実行可能な「選択肢」であることだ。考えられる「選択肢」は「任務」を達成できるものであっても、その「選択肢」を遂行する部隊が人的・物的に、地域的に、そして時間的に能力を保有していないなら、「絵に描いた餅」になってしまう。例えば、海上輸送能力のまったくない部隊が海上を渡って攻撃する「選択肢」は存在しない。かといって、最初から「実現不可能なのではないか」などと考えてしまうと、挑戦的な案が生まれにくい。したがって、できるだけ前向きに、積極的に考えることが大切である。がしかし、実行の可能性のまったくない「思いつきの選択肢」は削除すべきである。

第三の要件は、作戦の原理・原則にかなう「選択肢」であることだ。作戦の原理・原則は「戦いの原則」のように基本的で、普遍的な原理・原則のほか、任務・地形・装備・国民感情等に応じた各国の作戦ドクトリンを含む。

例えば、前進目標を「判断すべき事項」とするなら、「選択肢」は、敵に対して包囲の態勢を形成するか、敵およびわが部隊の行動に決定的な影響を与える地域や地形を前進目標にする。また、攻撃方向が「判断すべき事項」なら、火力と機動力の発揮が容易か、敵の抵抗組織の弱点もしくは苦痛とする方向を「選択肢」とすべきである。敵陣地の前面を横行する攻撃方向は原理・原則に完全に反するから、そのような「選択肢」は削除する。

「選択肢」の集約

行動方針は、「任務」と「選択肢」の組み合わせで表現する。このため、「選択肢」が多いと、行動方針も多くなる。マイホームの場合の「選択肢」の数と行動方針の数を考えてみよう。マイホームを建設する場所の「選択肢」としてＡ案・Ｂ案・Ｃ案・Ｄ案・Ｅ案があり、宅地面積としてア案・イ案・ウ案・エ案・オ案、建物の種類としてⅠ案・Ⅱ案・Ⅲ案・Ⅳ案があるとする。考えられる行動方針の一例は次のようになる。「手狭な現状から脱し、家族が快適な生活を送るため、父親としての自分は、４０００万円以下で、家族５人用のマイホームを通勤距離内の場所Ａに、宅地面積アの建物

Iを2年以内に購入する」。この場合、考えられる行動方針は全部で100個にのぼる。

行動方針が多くなると、その後の意思決定段階である「各行動方針の分析」や「各行動方針の比較」に時間をとてつもなく費やすことになる。しかも、比較しても、優劣のつけ難い行動方針が多数存在するに違いない。

そこで、リストアップした多数の「選択肢」を精選して、行動方針の数を少なくし、分析や比較を容易にしなければならない。米軍や自衛隊は通常、3～6個の行動方針に整理して列挙し、分析・比較の対象とする。このドクトリンに従えば、3個の「判断すべき事項」がある場合、各「判断すべき事項」について、1～2個の「選択肢」しか案出できないことになる。

「選択肢」を精選するためには、各「選択肢」の特色を明確にし、類似の特色を持つ「選択肢」を集約し、一つにまとめるのだ。マイホームのロケイションを、気候を重視する案、自然環境を重視する案、交通の便を重視する案等、特色ある「選択肢」で集約するなら、場所は絞り込まれる。

軍事的思考では、METT-TCの観点から各「選択肢」の特色を明らかにし、集約する。例えば、攻撃方向に関しての「選択肢」は次のようなものに集約される。「任務」の観点から、着実に「任務」達成が可能な「選択肢」、奇襲によって、あるいは退路遮断によって「任務」達成が可能な「選択肢」に区分し、集約する。また、敵情の観点からは、正面攻撃・側面攻撃・間隙攻撃・弱点攻撃等の「選択肢」に、地形の観点からは、平地攻撃・丘陵攻撃・谷地攻撃・山地攻撃等の「選択肢」に区分し、集約する。

「判断すべき事項」の精選

それでも多数の「選択肢」が残っている場合は、「判断すべき事項」のうちから、主要なものだけを取り上げ、「選択肢」を考える。主要な「判断すべき事項」は、作戦の段階と作戦の原理・原則を考えて決めるが、作戦の形態・作戦目標・作戦方向になることが多い。作戦の形態、すなわち「攻撃するか、それとも防御するか」が「任務」の中で明確になっている場合、作戦目標や作戦方向等が主要な「判断すべき事項」となる。例えば、「前面の敵を攻撃せよ」と命ぜられた指揮官は「どこを目標に、どの方向から、どの部隊を投入して攻撃するか」を考える。

主要な「判断すべき事項」を場所と宅地面積にのみ限定す

るなら、行動方針は、前述した例では、各々の「選択肢」を組み合わせて25個となる。それでも多すぎるなら、場所だけを主要な「判断すべき事項」とする。主要な「判断すべき事項」として、場所だけを取り上げて「選択肢」を考え出す場合、A・B・C・D・E案の5個だけである。

「選択肢」を特定できたなら、それと「任務」を合体させて行動方針に仕上げる。精選にもれた「判断すべき事項」、マイホームの場合、宅地面積と建物の種類については、意思決定過程の次の段階、すなわち「各行動方針の分析」の中で検討する。

「各行動方針の分析」に持ち込まれる厳選された行動方針を「列挙された行動方針」という。「列挙された行動方針」を考え出すことで「状況の把握と行動方針の案出」は終わる。

11章　行動方針の分析――ウォー・ゲームの手法

【11章のポイント】

ある調査によると、私たちは3分間に1回の割合で意思決定をしているそうである。そのうちで、複数の候補案をじっくり考えて最良のものを選ぶような意思決定が、1日平均3～4回はあるだろう。そのような重要な意思決定にあたっては、まず、各候補案の利点と欠点を検討した後に、利点を助長したり、欠点を補ったりする策を考え出し、そしてその候補案を補足・修正するだろう。次いで、補足・修正した各候補案を比較するための要素、マイホーム購入なら、価格・通勤時間・眺望・通院の便等を考える。その上で、各候補案を比較し、優劣をつけ、選択する。これが普通の思考過程である。

しかしながら、意思決定の手順を解説するビジネス書のほとんどは、「候補案の補足・修正」と「候補案を比較する要素の把握」の思考過程にふれず、「各候補案の列挙」から一挙に「各候補案の比較」段階へ移行する。

これらのビジネス書では、意思決定者は知識と経験から「補足・修正を要しない完璧な候補案を最初から用意できる」し、「比較のための要素を容易に見つけることができる」と考えているらしい。実際、ビジネス書に掲載されている事例研究では、複数の完全な候補案と比較のための要素を容易に読み取れるようにシナリオが組まれている。要するに、「特に取り上げるほどの思考過程ではない」というわけである。

しかし、軍事意思決定法では、各行動方針の利点・欠点を把握して、適切な処置策と比較のための要素を見出す段階、すなわち「各行動方針の分析」が最も難しいと考えられている。したがって、軍事意思決定法は、ウォー・ゲーム（War Game）という手法を取り入れて「各行動方針の分析」を行う（付図14「行動方針の分析」の思考過程）。

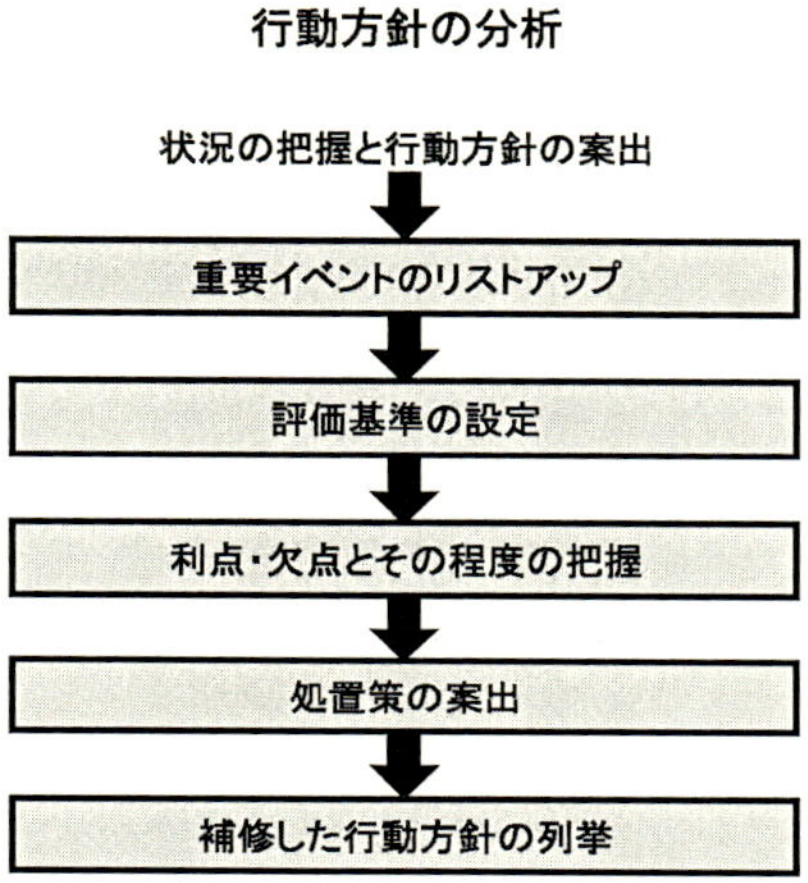

付図14　「行動方針の分析」の思考過程

1　「行動方針の分析」の目的

利点・欠点と処置策

「分析的意思決定法」では、奇策や妙策を考え出すことよりも、「列挙した行動方針」の利点と欠点を明らかにし、適切な助長策や対策を考え出すことに重点が置かれる。これは、工業化時代の戦いが奇襲よりも集中の原則を重視していることからきている。奇襲は、奇策や妙策を必要とし、しかもめったに成功しないと考えられていた。

一方、戦闘力を集中し、敵を圧倒する方策は奇策や妙策を必要としない。誰でも考え付くような大衆案で十分である。しかし、あらゆる戦闘力を総合的に集中して発揮し、しかも決定的な目標に指向するための「目配り」、すなわち処置策が必要である。トヨタ自動車は、さしたるヒット商品がなくても、継続的に収益が出る「仕組みづくり」、すなわち処置策に意を注いでいるといわれる。「分析的意思決定法」でも、「適切な処置策を講じることができるかどうか」が戦いの勝敗を決めると考えられてきた。

適切な処置策を見つけるには、「列挙した行動方針」が持っている利点や欠点、それにそれがどの程度なのかを明らかにする必要がある。利点とその程度が分かれば、その利点を助長するための具体的な処置策を見出すことができる。欠点とその程度が指摘できるなら、その欠点を解消するための対策が浮かんでくるだろう。

適切な処置策が分かれば、それを加味して「列挙した行動方針」を補足・修正する。この「補修した行動方針」を導き出すことこそが「各行動方針の分析」の最大目的である。例えば、マイホーム購入のための「選択肢」場所Aは、地価は安いが、通勤時間に難点があるなら、一戸建てのマイホームを購入し、通勤は「奥さんの運転する車による最寄り駅までの送迎」を考えてみてはどうだろう。この場合、補足・修正された候補案は「家族が快適な生活を送るため、一家の大黒柱としての自分は、4000万円以下で、車庫付の家族5人用の一戸建てマイホームを通勤距離内の場所Aに、宅地面積アの建物Iを2年以内に購入し、家内の運転する車によって最寄り駅まで送迎してもらう」となる。

「補修した行動方針」は、次の段階である「各行動方針の比較」に持ち込まれる。そして、各「補修した行動方針」の優劣が検討される。

要するに、「各行動方針の分析」の目的は、「列挙した行動方針」を実行するにあたり処置すべき事項を明らかにすることによって、「補修した行動方針」を得ることである。この目的を達成するため、各行動方針の持つ「利点・欠点とその程度」を正しく把握することが大事である。

行動方針を評価する対象と尺度

一般に、物事を評価するためには、「比較の対象」と「尺度」が必要である。行動方針が持っている「利点・欠点とその程度」は、何と比較され（比較の対象）、何を「ものさし」にして判定されるのであろうか。

軍事的思考では、利点・欠点と優劣は明確な相違がある。前者、すなわち利点・欠点は「比較の対象」によって有利・不利を評価するものと、長所・短所を評価するものがある。有利・不利は、敵を「比較の対象」にして評価した場合に使用される。つまり、敵に比して「非常に有利」「有利」「不利」「非常に不利」と判定される。例えば、なだらかな丘陵地帯を縦走する攻撃前進は、そこで防御する敵に比して有利である。

長所・短所は、自分なりに便宜的な基準を決め、その基準と比較した場合に使用する。この評価法は絶対的評価で、「大きな長所」「長所」「短所」「大きな短所」で表現される。非常に良く整備された道路網を利用する部隊の移動は、大きな長所を持っている。この場合、あまり整備されていない道路網を基準にして利点（長所）があると見なされる。

一方、優劣については、代替案が存在し、その代替案を「比較の対象」とする場合に使用する。つまり、代替案よりも「非常に優れている」「優れている」「劣っている」「非常に劣っている」とランク付けされる。この評価法は相対的評価となる。敵の後方連絡線を遮断できる攻撃方向は、正面攻撃に比して優れている。この場合、正面から攻撃する攻撃案と比較している。

「行動方針の分析」の評価方式は、「列挙した行動方針」ごとに、一つずつ評価するものである。代替の「列挙した行動方針」と比較して優劣を決めるものではない。したがって、「列挙した行動方針」の評価は利点・欠点になる。つまり、敵と比較して、「いずれが有利か不利か」という評価方式か、もしくは絶対的評価方式で、長所・短所で表現する。行動方針の「優劣とその程度」を評価する相対的評価方式は「行動方針の分析」段階では使用されず、次の段階である「行動方針の比較（12章に記述する）」で使用される。

次に、利点・欠点とその程度を評価する「尺度」について検討しよう。ある要素について行動方針を評価するとき、なぜ、それは「利点である」とか、「欠点である」と断言できるのか。「なだらかな丘陵地帯を縦走する攻撃」や「整備された道路網を利用する部隊移動」は利点であるという根拠は、どこからくるのであろうか。

評価の根拠、すなわち尺度は、作戦の原理・原則にある。作戦の原理・原則とは、作戦の目的を達成するため効果的かつ効率的な方法を抽象的に表現したものである。「任務」や状況の特質から考えて、重視する原理・原則を定め、次いで各行動方針を評価する。行動方針が作戦の原理・原則に適合しているなら、利点を有していることになるし、適合していないなら欠点になる。

一般生活における意思決定では、候補案の「利点・欠点とその程度」は判定しやすい。というのは、一般生活では、多くの正確な情報と豊かな経験をもとに、候補案を直観で評価できるからである。

一方、軍事意思決定では、各行動方針の「利点・欠点とその程度」を把握することは極めて難しい。なぜなら、戦場の指揮官や幕僚は、限られた情報と経験をもとに行動方針を評価しなくてはならないからである。戦場で入手できる情報量は少なく、しかも不正確で、漠然としている。正確な情報といえども短期間で変化する。その上、多くの将兵にとって、戦争は初めての経験である。したがって、作戦の原理・原則に通暁していても、それらを適用して行動方針の「利点・欠点とその程度」を明らかにすることは困難な業となる。

そこで、軍事意思決定法はウォー・ゲームという手法を取り入れて「行動方針の分析」を行う。つまり、ウォー・ゲームによって各「列挙した行動方針」の「利点・欠点とその程度」を明らかにするのである。

2　ウォー・ゲームの活用

ウォー・ゲームの歴史と目的

ウォー・ゲームの起源は太古の時代にさかのぼるが、戦争に関するデータをもとに、定められた規定と手順に従って組織的に実施する現在のようなウォー・ゲームを開発したのは、プロシャ陸軍であった。

1824年、プロシャ陸軍のライスヴィッツ中尉は、赤色と青色に区分した木片をそれぞれ赤軍・青軍として地図上で動かし、審判官の判定を仰ぐ対抗方式のウォー・ゲームを開発した。このゲームを視察した当時の陸軍参謀総長ムフリング大将は「これはゲームではない、戦争のための訓練だ」と感動し、直ちに全軍に普及させるよう命じた。

そのとき以来、ドイツ陸軍はウォー・ゲームを将校に対する教育・訓練の中心に置いた。特に、第一次世界大戦後、全将校は週に1回、ウォー・ゲームに参加することを義務付けられた。というのも、ドイツは第一次世界大戦に敗北し、兵員軍の兵力と予算が条約によって厳しく制限されたため、陸軍を実際に動かす訓練ができず、ウォー・ゲームを通じて将校の指揮運用能力を向上させざるをえなかったからでもある。

米軍は、19世紀末ごろから将校の教育・訓練手段としてウォー・ゲームの有効性に気付き、プロシャのウォー・ゲームをもとに、「一方統裁方式のウォー・ゲーム」を開発した。この方式では、審判官が敵軍を演じるとともに、適宜に状況を示してゲームの流れを規制する。

日本陸軍も、プロシャ陸軍のメッケル少佐を招き、ウォー・ゲームを導入し、これを普及させた。1904年の日露戦争に勝利した一要因として、ウォー・ゲームによる訓練成果が挙げられる。このように、ウォー・ゲームは将校の教育・訓練手段として、列強の軍隊の間で重宝がられ、急速に普及したのである。

ウォー・ゲームに対する列強の関心は戦間期において、その変革を促した。変革のリード役を演じた軍隊は、再びドイツ陸軍である。ドイツ陸軍は、新しい作戦原則を開発する手段としてもウォー・ゲームを活用したのだ。１９３６年、ベック大将が作成した『野外作戦』は近代戦を遂行するための軍事教範として有名であるが、これはウォー・ゲームによって何度も補足・修正された後、全ドイツ陸軍に配布されたものである。

ウォー・ゲームに対するドイツ陸軍の新しい取り組みは、直ちに列強の軍隊に影響を及ぼした。そして、列強の軍隊もウォー・ゲームを、新しい作戦原則の開発や意思決定に役立てたのである。第二次世界大戦直前に、米海軍は空母の運用法を開発したが、これはウォー・ゲームを活用した代表的事例といえよう。

近代ウォー・ゲームの歴史が示すように、ウォー・ゲームはその活用目的によって二つのタイプに区分できる。一つは、将校を教育・訓練するためのものである。もう一つは、作戦上の諸問題を解決するためのものである。

戦場の実相を理解して、部隊を運用する技能を習得するためには、実戦を経験するか、兵員を実際に動かす演習を重ねることが望ましい。しかし、戦争は、軍人としての生涯で何度も起こることではないし、起こっては困る。昔から「百年兵を養うは、一日のためなり」という。

また、演習や野外訓練には、克服しがたい障害が常につきまとう。例えば、大部隊を使用しての演習には、多くの兵員を投入しなければならないし、費用も膨大なものとなる。市街地や田園地域を演習地にして、実戦さながらの訓練をするわけにもいかない。したがって、将校を教育・訓練するため、兵員を実際に動かす演習に代わって、ウォー・ゲームが開発されたのである。

加えて、教育・訓練タイプのウォー・ゲームによって、指揮官や幕僚は報告・通報・調整・命令の作成等の業務を適時適切にこなすことができるようになる。これらの業務は指揮官と幕僚、指揮官と上下級・隣接部隊指揮官、幕僚相互の間で行われるが、錯綜する戦場にあって、これら業務を円滑にこなすことは勝敗を決める重要な要因である。

ウォー・ゲームのもう一つのタイプ、すなわち作戦上の諸問題を解決するためのものは、問題解決型ウォー・ゲームといわれる。ウォー・ゲームによって、指揮官や幕僚の洞察力と想像力が刺激され、作戦のビジュアル化が容易になる。その結果、新しいアイディアが生まれ、アイディアの利点・欠点が明らかになる。さらに、そのアイディアがもたらす結果を予測することもできる。「各行動方針の分析」段階で活用するウォー・ゲームはこのタイプである。

問題解決型ウォー・ゲームに必要な技能――作戦のビジュアル化

問題解決型ウォー・ゲームを効果的に実施するため、指揮官や幕僚は「作戦のビジュアル化」技能を必要とする。この技能なくして、各行動方針の「利点・欠点とその程度」を浮き彫りにはできない。したがって、適切な処置策を見出すことも、比較のための要素を特定することもできない。卓越した「作戦のビジュアル化」技能こそ、部隊を指揮運用する技能の核心といえよう。

意思決定によって自分の将来がどうなるかは、数時間後、数日後、あるいは数ヶ月後に明らかになる。意思決定の結果を予想するためには、ある候補案を採用した場合の自分の将来をイメージしてみるとよい。イメージする場合、「この候補案を選ぶかもしれない」と考えるのではなく、「すでにこの案を選択し、実行し始めた」として想像することが大事だ。

例えば、場所Ａに４０００万円で一戸建てを新築したと想像しよう。新築した家の中で、自分はどのような生活を営んでいるのかをイメージするのである。平日と休日、夏と冬、どのような暮らし方をしているのであろうか。友人や親戚を招いたとき、彼らはどう感じるだろうか。子供が生まれ、幼稚園や小学校に行くようになったとき、どのような変化があるだろうか、といったように想像する。

変化する状況の中に自分自身を置いて鮮明にイメージする。このビジュアル化によって、当面する問題だけでなく、将来の問題にまで焦点を当て、問題解決を容易にすることができる。作戦のビジュアル化とは、作戦地域の地形・気象、任務達成時の様相、作戦の推移、作戦の様相をイメージし、それを鮮明なものにすることである。

問題解決型ウォー・ゲームの業務手順

問題解決型ウォー・ゲームは大変難しい。味方部隊の採る行動方針も敵の可能行動も、現実のものではなく、予定や予測である。しかも、この両者を組み合わせて推理する「作戦の様相・推移」は不確実極まりない。しかし、「作戦のビジュアル化」技能に長けた集団が次の手順でウォー・ゲームを行えば、それは問題解決に大きく貢献する。

第一のステップは、幕僚がウォー・ゲームのための機材を準備した後、ゲーム開始の態勢をとることである。機材としては、各種のデータ（敵・味方の装備の性能や部隊組織、作戦地域の地形や気象に関するもの等）、作戦地域の地図・スライド・ビデオ、敵および味方の状況を図表化して記載した透明なシート（状況図オーバーレイという）、味方の行動方針を図表化して記載した透明なシート(行動方針図オーバーレイという)、そして敵および味方の部隊を示す赤と青の駒である。青駒（味方部隊）は、少なくとも2ランク下の部隊まで、例えば意思決定者が師団長の場合、大隊クラスの部隊まで準備する。

ウォー・ゲーム開始の態勢は、作戦地域の地図上に、「状況図オーバーレイ」と「行動方針図オーバーレイ」をかぶせ、その上に赤駒と青駒を当初の位置に配置した状態である。

第二のステップで、幕僚は予想される「重要イベント」をリストアップする。本来、作戦は時間とともに推移するものであって、これを区切ることはできない。指揮官や幕僚は瞬間的に適切な処置策を見出し、講じるべきものである。しかし、それでは直観にもとづく処置策になり、客観的で、論理的な処置策にはならない。どうしても、「動画」を停止して、じっくり考える時間が必要である。

そこで、推移する作戦をあえて区切り、ある時点における様相を再現し、検討する。かといって、作戦の流れを事細かに区切って、1分ごとの作戦様相を検討したのでは、時間がかかりすぎる。しかも、プレイヤー（幕僚）の注意が散漫になるため、重要な時点で「作戦のビジュアル化」技能を集中発揮することが困難になる。

問題は「推移する作戦のどの時点で区切るか」である。問題解決型ウォー・ゲームでは、作戦に影響を及ぼす主要な要素、すなわち地形・気象・住民・敵・味方の状況が大きく変化する時点で区切る。この時点には、「重要イベント」が起こる。具体的にいうなら、移動開始・宿営・渡河・夜間への移行・作戦開始・敵の反撃・目標の占領・追撃開始等である。

これらの「重要イベント」を含むその前後は、まさに指揮官の力量が問われる。これから起こるイベントに備えるため、指揮官は部下部隊を動かしたり、支援部隊との調整を密にしたりする等、万全の処置策を講じなければならない。また、これらのイベントが展開されている間は、予測していない事態が起こったならば、対策を直ちに打つ必要がある。さらに、これらのイベントが終了したなら、次のイベントに備える態勢をとるべきだ。

したがって、ウォー・ゲームでは、予想される「重要イベント」の発生とその前後において、幕僚はその「作戦のビジュアル化」技能を最大限発揮して、詳細な検討を行う必要がある。

第三のステップで、幕僚は列挙した行動方針の「利点・欠点とその程度」を判定するための「ものさし」、つまり評価尺度を決める。このため、作戦の原理・原則（ドクトリンを含む）から適切なものを選定する。評価尺度は、次の「各行動方針の比較」段階で、各「補修した行動方針」の優劣を決めるための要素となる。

第四は、ウォー・ゲームを実施するとともに、その結果を評価するステップである。ウォー・ゲームの実施にあたっては、幕僚は各「重要イベント」におけるタスク（達成すべき具体的事項）を1ランク下の部下部隊（意思決定者が師団長なら旅団クラス）に与える。そして、2ランク下の部隊（意思決定者が師団長なら大隊クラス）を表示する青駒を動かし、敵部隊の反応を予想する。つまり、「行動─対行動─反行動」サイクルを繰り返すのだ。このサイクルは「重要イベント」が終了するまで行われる。

ウォー・ゲームの役割分担については、幕僚長ないしは副指揮官がウォー・ゲームの責任者としてゲーム全体を運営する。ウォー・ゲームの責任者はウォー・ゲーム間、客観性の保持に留意しながら、各幕僚の行動を調整する。この際、各幕僚のセクショナリズムを廃するとともに、意思決定者である指揮官の思惑に影響されないことが大事である。

作戦を専門とする幕僚は、列挙した行動方針の「利点・欠点とその程度」を把握するとともに、処置策を明らかにする。このため、作戦幕僚は意思決定者である指揮官を演じ、列挙した各行動方針にもとづき味方部隊（青駒）を運用する。運用にあたっては、歩兵・砲兵・戦車・工兵・通信等を専門とする幕僚の支援をえて、統合一体的な戦闘力の集中発揮に努める。

情報を専門とする幕僚は、敵の可能行動とその損害の程度を予測する。このため、情報幕僚は敵部隊指揮官になりきり、敵部隊（赤駒）の運用を分担する。運用にあたっては、決して、青部隊指揮官の意図や気持ちに引きずられたり、自分の思惑に従ったりしてはならない。このことは極めて重要である。

その他、人事・兵站を専門とする幕僚は、指揮下部隊の人的・物的な損耗を予測するとともに、人的・物的支援上の特色と問題点を把握し、戦闘力の維持・増進策を明らかにする。この際、予備の手段と能力について十分考慮し、状況の変化に対応できる融通性を保持することが必要である。

第五は、列挙した行動方針を補足・修正するステップである。幕僚は、列挙した行動方針の利点・欠点をもとに、助長策や対応策を考え出す。そして「補修した行動方針」を案出する。

以上がウォー・ゲームの手順である。ウォー・ゲームは通常、幕僚が主役である。指揮官はオブザーバーにすぎない。分析の客観性を重視するため、姿を見せない場合もある。しかし、指揮官が自らのビジュアル化をより鮮明にするため、指揮官主導でゲームを進めることも少なくない。

12章　行動方針の比較と決定

【12章のポイント】

日常生活においても、われわれはしばしば、複数の解決案を比較して最良のものを選択する。しかしほとんどの場合、比較するための要素を直観で決めているのではないだろうか。最初に頭に浮かんだ1〜2個の要素だけで比較してしまうのだ。

理由はいろいろ考えられる。解決案を考え出すことでエネルギーを使い果たし、「比較」の段階まで集中力を持続することができないからかもしれない。また、迅速な決心を必要とする場合には、リスクを覚悟してでも、結論を急ぐこともあろう。最も説得力のある理由は、自分の直観に対する高い信頼である。「直観で選んだ方策も、慎重に比較して選択した方策も、解答は同じだ」と考えるからである。

しかし、直観で選んだ結論と、慎重に比較した上で選んだ結論は多くの場合、異なるといわれる。4〜5年前、米国のある学者がビジネスを専攻する大学院生に「卒業後、どこに住むか」の選択法について実験した。その結果、直観で選択した学生は、サンフランシスコ・ホノルル・ボストンをトップ・テンの3位内に挙げた。次に、住む都市を比較する要素を多数列挙し、いくつかの要素に大きな比重をかけ、各都市に総合点をつける方法で学生に選択させた。その結果、シアトルがトップに挙げられ、ホノルルやボストンの名はトップ・テンにも挙がってこなかった。

直観で選ぶ場合と、比較のための要素を慎重に考えて選ぶ場合とは、比較の要素が異なってくるのだ。サンフランシスコ・ホノルル・ボストンを選んだ学生は、その都市のロマンチック性を比較の要素にしたらしい。一方、比較の要素を慎重に考えて選んだ学生は、気候・住宅費・医療・犯罪・交通・娯楽等を尺度にした。

軍隊における意思決定法でも、直観によって設定した比較要素を尺度にする場合と、論理的・科学的思考から見出される比較要素を尺度にする場合とは、結論が異なることを想定している。そして、冷戦期の米軍や自衛隊は、慎重に考えて選んだ比較要素を尺度にする方をドクトリン化した。直観で決める比較要素は信頼できないと考えたからである。

幕僚の直観、特に尉官クラスの直観は知識や経験にもとづくものではなく、いわゆる「根拠のない直観」が多いし、しかも彼らの直感は戦場における恐怖心や肉体的労苦で大きく揺らぐからである。

論理的・科学的に考えられた比較要素は、通常、作戦の原理・原則になっている。したがって、「分析的軍事意思決定法」では、作戦の原理・原則のうちから重要な比較要素を設定し、それを「ものさし」として各行動方針を比較し、「最良の行動方針」が選定される。

幕僚が「見積り」の結果到達した比較の結論、すなわち「最良の行動方針」は、指揮官の承認を受けるため「決定」段階に持ち込まれる。この「決定」段階は、選定された「最良の行動方針」を権威付けることができる。

さらに、「決定」段階が存在することによって、拙速による「最良の行動方針」の選定に歯止めをかけ、慎重な選定を促すことにもなる（付図15「行動方針の比較」と「決定」の思考過程）。

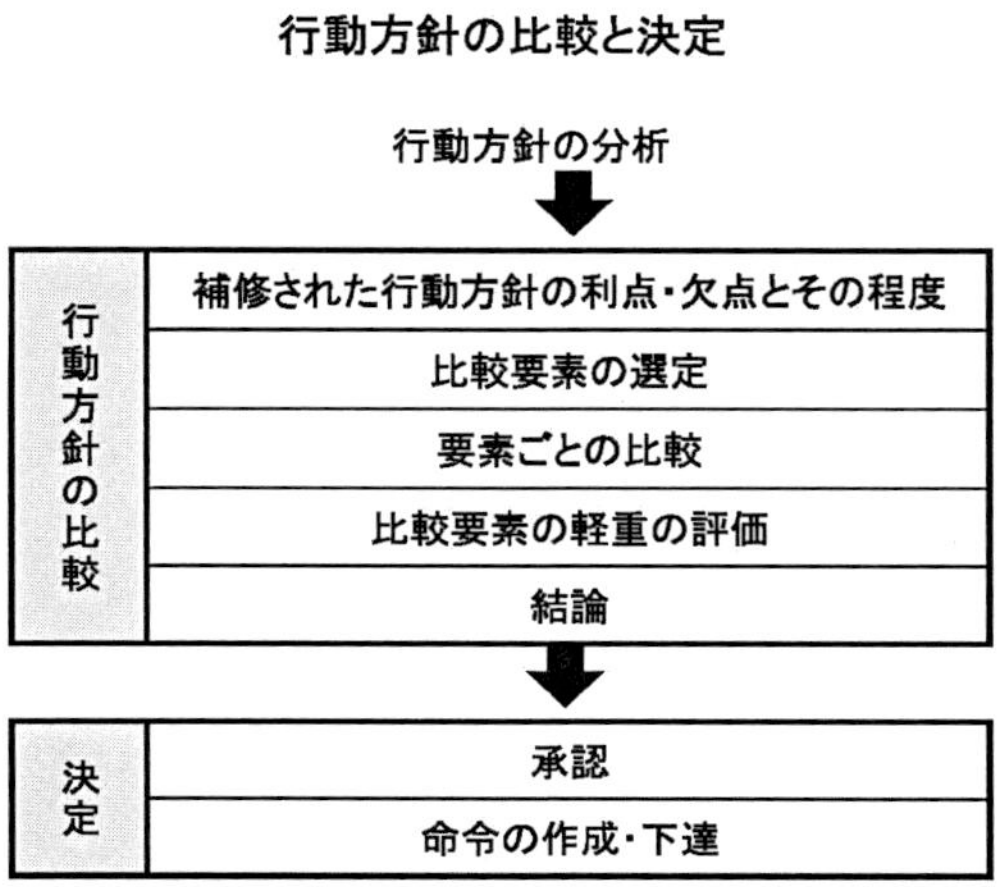

付図15「行動方針の比較」と「決定」の思考過程

1　各行動方針の比較

「比較のための要素」の把握

ウォー・ゲーム（「行動方針の分析」）では、幕僚は、列挙した行動方針の「利点・欠点とその程度」を検討し、助長策や対策を模索した。そして、列挙した行動方針を補修して、より改善された行動方針を得た。これを「補修した行動方針」という。

しかし、「補修した行動方針」の「利点・欠点とその程度」については、いまだ検討していない。列挙した行動方針と「補修した行動方針」は同一ではない。というのは、「補修した行動方針」の「利点・欠点とその程度」は、列挙した行動方針に助長策や対策を講じたものであるからだ。列挙した行動方針の利点は、助長策を講じた結果、わずかな利点が大きな利点になっているかもしれない。同様に、列挙した行動方針では大きな欠点であったものが、対策がとられて、いまや解消していることもあろう。

したがって、各「補修した行動方針」の「利点・欠点とその程度」を明らかにする必要がある。その上で、各「補修した行動方針」を比較して優劣をつけなくてはならない。本章以降、「行動方針」とはこの「補修した行動方針」を指すことにする。

「最良の（補修した）行動方針」を特定することが「各行動方針の比較」の目的である。「最良の行動方針」とは、最も公算が高く、しかも最も危険な「敵の可能行動」に対して、最も成功の可能性が大きい行動方針をいう。

「最良の行動方針」を選定するには、各行動方針を比較する要素が設定されなければならない。「比較のための要素」は、どのような手順で設定されるのであろうか。

まず、各行動方針の「利点・欠点とその程度」を再度考える。各行動方針の「利点・欠点とその程度」が把握できたなら、次に、利点ないしは欠点のうち、行動方針によってその程度に差がある事項を「比較のための要素」とする。

例えば、「機動の難易」を取り上げてみよう。機動の優越は、所望の時期と場所に所要の戦闘力を集中して有利な態勢を確立するため、極めて重要な「戦いの原則」である。ウォー・ゲームでは、行動方針の「利点・欠点とその程度」を検討するため、作戦の原理・原則を「ものさし」として使用した。「機動の難易」という「ものさし」を当てて各行動方針を計測すると、どの行動方針も、良質な道路網にめぐまれ、障害となる河川や隘路がなく、兵站支援に差異がないとしよう。このような場合には、「機動の難易」は重要な作戦原理・原則ではあるが、比較要素にはならない。

また、他の「比較のための要素」と重複して、行動方針の優劣を評価しないことも重要である。このため、比較要素は厳格に定義しておかなくてはならない。例えば、「総合戦闘力の発揮の難易」と「火力の発揮の難易」を比較要素に挙げると、「火力の発揮の難易」を二重に評価したことになる。なぜなら、総合戦闘力の主要な構成要素が火力であるからだ。

要素ごとの比較、要素の軽重の評価、結論

「比較のための要素」を把握したなら、各「比較のための要素」ごとに各行動方針を比較し、優劣をつける。優劣のつけ方には二方法ある。一つは、米軍方式で、優劣を点数で示すものである。もう一つの方法は、自衛隊方式で「大きな利点(＋＋)」「どちらかといえば利点(＋)」「利点とも、欠点ともいえない(＋－)」「どちらかといえば欠点(－)」「大きな欠点(－－)」に区分する。

次に、各「比較のための要素」に軽重をつけて、総合的に判断し、最も成功の可能性が大きい行動方針を選定する。各比較要素の軽重のつけ方も米軍方式と自衛隊方式がある。米軍方式は軽重を点数で示すのに対して、自衛隊方式は「最重視する比較要素」のみを決める。

比較要素の軽重は通常、幕僚長もしくは副指揮官が各幕僚の専門的意見を参考にしながら決める。物的交戦能力の殺傷・破壊を狙う消耗戦方式で使用する「分析的意思決定法」では、「火力の集中発揮」や「機動と火力の吻合《ふんごう》」が比重の大きい比較要素となることが多い。

総合的判断は、比較要素の軽重にもとづき、再度、各行動方針の優劣をつけ、「最良の行動方針」とする。米軍の場合、比較要素の軽重を示す指数と、比較要素ごとの行動方針の点数を掛けて合計する。合計点の最大のものが「最良の行動方針」となる。付図の例では行動方針Dがそれである(付図16行動方針の比較表)。自衛隊の場合は、「最重視する比較要素」の利点・欠点の程度を勘案しながら、＋の多いものを「最良の行動方針」とする。

最後に、「最良の行動方針」と、それを選定した理由、特

行動方式の比較表（一例）

比較要素	比較要素の軽重	行動方針A	行動方針B	行動方針C	行動方針D
火力の集中	5	3(15)	4(20)	2(10)	1(5)
機動力の発揮	3	4(12)	3(9)	3(9)	1(3)
火力・機動力の吻合	5	1(5)	2(10)	2(10)	4(20)
主導性の発揮	4	2(8)	2(8)	1(4)	4(16)
簡明	2	4(8)	1(2)	1(2)	3(6)
総点数		14(48)	12(49)	9(35)	**13(50)**

付図16　行動方針の比較表

に比較要素の軽重を明確にして「結論」とする。幕僚の「結論」は、承認をえるため指揮官に報告される。

「分析的意思決定法」では通常、指揮官も幕僚と並行して「見積り（状況の把握と行動方針の案出、行動方針の分析、行動方針の比較）」を行う。そして、それが終わったら、指揮官は幕僚から彼らの「結論」、すなわち「最良の行動方針」とその理由に関する説明を受ける。そして、意思決定過程は「決定」段階に入る。

2　決定

的確な決定

幕僚の「結論」について説明を受けた指揮官は、「結論」を①承認するか、②再検討を指示するか、③承認を先送りするかのいずれかを選択する。第一の場合、すなわち幕僚の「結論」が承認される場合は、幕僚の単なる調査・研究報告が権威を有する言葉や文章となる。権威付けられた「最良の行動方針」にもとづき、命令が作成・下達される。

この際、指揮官が「結論」の一部を修正するよう指示することがしばしばある。この場合、幕僚は「行動方針の分析」段階にフィードバックして検討し直すことになる。しかし、「結論」は大筋では変わらず、幕僚が当初報告した「結論」は承認される。

第二の場合、すなわち指揮官が幕僚の「結論」に不同意の場合、「結論」は実行に移されないことになる。指揮官がまったく新しい行動方針を示した場合、幕僚は「行動方針の分析」の段階に立ち返って検討すればよいが、何も示さなかった場合、「行動方針の案出」の段階までフィードバックしなければならない。最終的には、当初の幕僚の「結論」とは異なる行動方針が最良とされて承認され、命令が作成される。

実際、幕僚の「結論」と、指揮官自ら考えている行動方針とは、同じ情報にもとづき、同じ思考手順を踏んでもしばしば異なる。なぜなら、「分析的意思決定法」といいながら、直観がかなり働いているからだ。意思決定に影響を及ぼすMETT-TC（任務、敵、味方、地形・気象、時間、住民）の把握、作戦の推移と様相のビジュアル化、行動方針の評価、行動方針を比較するための諸要素の選定、比較要素の軽重の判断等、両者間の認識には論理では説明できない相違が出てくる。これらの認識の相違が、異なった「結論」を生むのである。

「結論」に相違があっても、指揮官は幕僚の同意を得る必要はない。また、決して「落とし所」を探る、つまり妥協で相違を埋めることをしてはならない。幕僚の「結論」は、指揮官の意思決定の欠落部分をチェックする手段にすぎないのだ。指揮官はこのチェック過程を踏んで決断すれば、その決定は自信に裏打ちされた堅固なものとなる。消耗戦では、ひとたび決断したら、みだりに変更してはならないから、この堅固な決定は重要な意義を持つ。

「結論」を承認されなかった幕僚は、それまでに費やした時間と労力を考えると悔しい思いをするだろうが、軍隊の使命と幕僚道を考えれば、その思いを即座に断ち切らなくてはならない。反論や批判は歓迎されるが、虚心坦懐であるべきだ。

承認を先送りする第三の場合もある。「結論」の根拠が曖昧だったり、状況の急変を予感したりする場合は、もっと情報を入手した後に決定したい、と指揮官は思うからだ。特に、「結論」の理由が「事実や根拠のある推定にもとづくものかどうか」を再確認・再調査する必要がある場合には、ペンディングになることが多い。

承認の先送りは、上級部隊指揮官に対して意見具申をするため行われることもある。どの行動方針も実行不可能か、人的・物的コストがかかりすぎると考え、上級部隊指揮官に任務の変更を具申するか、必要な手段の増強を要請するためである。

かつて、軍隊には、「それはできません」と発言できない風土があった。「NO」という軍人は臆病で、チャレンジ精神に欠けると見なされるからだ。しかし、ベトナム戦争敗因の一つにこの「Can Do」症候群が指摘され、米軍は矯正に乗り出した。現在では、「NOと言える軍人」の勇気が再認識されている。

決定の適時性

「決定」はその的確性とともに、適時性、つまり「指揮官はいつの時点で承認すべきか」も重要である。理論的には、部下部隊が「実行」を開始する直前に承認するのが一番的確な「決定」になる。反対に、承認の時機が「実行」開始の時点から遠ざかれば遠ざかるほど、意思決定に及ぼす要因、すなわちMETT-TCが変化する度合いが大きくなり、「決定」の的確性が失われる恐れが出てくる。

承認の時機は最小限、幕僚が作戦計画を策定し、それにもとづいて命令を作成・伝達するのに要する時間、さらに部下部隊が実施準備に要する時間を考慮して決めなければならない。米軍では、指揮官が上級指揮官の命令を受領してから、部下部隊が作戦を開始するまでの時間を弾き出し、通常、その3分の1を指揮官自らの意思決定にあて、残りの3分の2を幕僚および部下部隊の時間にあてる。

特に、命令を受領した部下部隊は、実施準備のため多くの時間を必要とする。部下指揮官は、付与された任務を遂行するため情報を収集・処理し、自らの「最良の行動方針」を決め、関連部隊と調整し、さらに下級部隊に命令を与え、展開して作戦開始態勢をとらなければならない。この間、リハーサルも必要である。リハーサルとは、最少の損害で任務を達成するため、命令を実行するとき予想される状況を想定し、その状況下でとるべき行動を実戦に近い形でやってみることである。

「分析的軍事意思決定法」は、作戦開始前の作戦計画策定時のように時間的余裕のある場合は有効かもしれない。しかし、第4章で述べたように、ひとたび作戦が開始され、流動的な状況の中で機敏な作戦を展開するには、多くの点で疑問の残る意思決定法である。要は、「分析的軍事意思決定法」の利点・欠点を理解して状況に適応させることが大事である。

13章　作戦実施型の直観的意思決定法

【13章のポイント】

計画通りには、なにごとも進まないものである。特に、敵部隊や武装勢力の必死の抵抗に直面する軍事行動はそうである。プロシャ陸軍の参謀総長ヘルムス・フォン・モルトケ将軍は「どのような作戦計画も最初の砲弾が発射されると同時に破棄される」といって、作戦開始前に策定した計画に固執することを戒めた。戦いの勝敗は、作戦開始前の計画の良し悪しよりも、むしろ作戦遂行のための意思決定で決まるといっても過言ではない。

しかし、米軍が伝統的に採用してきた意思決定法は、前述したように、作戦開始前を重視した意思決定法、すなわち「全般作戦計画型の意思決定法」であった。急激な状況の変化に対応できる意思決定は、この意思決定法からは生まれにくい。

加えて、米軍は時間に余裕のある状況で威力を発揮する「分析的意思決定法」を開発し、普及させた。多数の解決案を準備し、その中から最良の解決案を選択するこの方法は、時間がかかり、作戦を遂行するための意思決定法としてはふさわしくない。

一方、ボイド大佐が理論化し、最初に海兵隊がドクトリン化した意思決定法は、作戦開始後を重視した意思決定法である。作戦を開始すると、曖昧なこと、矛盾したこと、予測できないことが次々と起こる。したがって、状況の変化に応じて作戦計画を修正・変更するための意思決定法こそが必要である。

さらに、作戦を遂行するための意思決定では、熟慮して決断を下すだけの時間的余裕はない。したがって、ひとたび作戦が開始されたなら、直観力を重視した意思決定法が推奨される。

ボイドの理論をもとに「作戦実施型の直観的意思決定法」の思考過程を考えてみると、次のような手順となろう。すなわち「状況の把握（観察）」─「状況の理解（状況判断）」─「行動方針の案出と分析（状況判断）」─「決定（決定）」─「行動（行動）」─「状況の把握（観察）」というループである（付図17　作戦実施型の直観的意思決定法）。

付図17　作戦実施型の直観的意思決定法

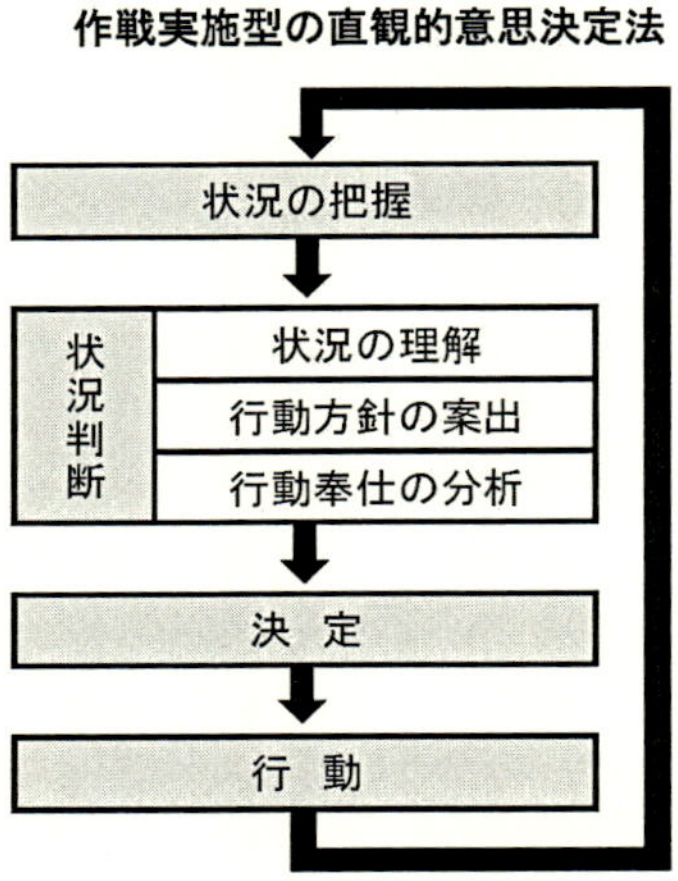

1　状況の把握

全般作戦計画を堅持する場合

作戦開始後、指揮官は2種類の「知識」情報を必要とする。一つは、「全般作戦計画の行動方針を堅持するか、それとも修正・変更するか」の決定に資する「知識」情報である。もう一つの情報は、もし修正・変更するなら、「どのような行動方針を新たに採用するか」に資するものだ。まず、「堅持するか、それとも修正・変更するか」に資する「知識」情報から検討しよう。なお、「知識」情報とは、2章（18頁）で説明したように、「情報資料」を分析して、その信頼性・重要性・適時性を評価したもので、幕僚がその作成にあたる。

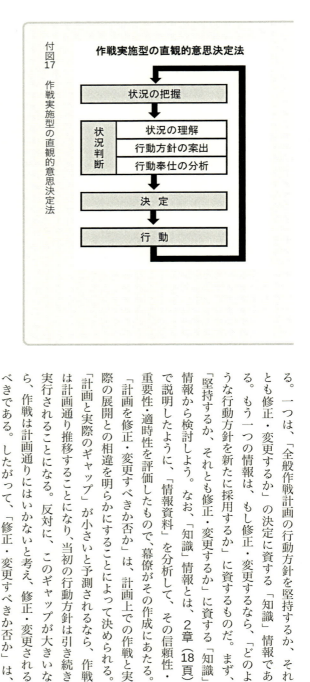

「計画を修正・変更すべきか否か」は、計画上での作戦と実際の展開との相違を明らかにすることによって決められる。「計画と実際のギャップ」が小さいと予測されるなら、作戦は計画通り推移することになり、当初の行動方針は引き続き実行されることになる。反対に、このギャップが大きいなら、作戦は計画通りにはいかないと考え、修正・変更されるべきである。したがって、「修正・変更すべきか否か」は、予想される「計画と実際のギャップ」の程度を把握すればよい。

「計画と実際のギャップ」の程度を予測するために、「作戦進展基準（Criteria of Success）」を示す情報を収集する。「作戦進展基準」とは、任務達成の状況を具体的に示す情報で、時間経過、前進・後退距離、戦死傷者数、装備品の損耗量、敵対勢力の行動（捕虜の増大、攻撃や後退の兆候）等をいう。

「作戦進展基準」が分かれば、「計画と実際のギャップ」の程度は予測できる。例えば、「1日で数キロ前進する」と予測して計画を策定していたとしよう。実際に前進を開始してみると、1時間で十数キロ前進することができると確信したなら、「計画と実際のギャップ」の程度は大きい。したがって、全般作戦計画を修正・変更する必要が出てくるに違いない。したがって、「作戦進展基準」、それも将来の「作戦進展基準」を予測できる「知識」情報が必要である。

全般作戦計画を修正・変更する場合

次に、全般作戦計画の行動方針を修正・変更する「決定」をした場合は、どうであろうか。この場合には、「どのような新行動方針を採用するか」を決めるための「知識」情報を必要とする。新しい行動方針を模索するには、計画した「作戦進展基準」と、予想される「作戦進展基準」が大きく相違する「原因」を把握しなくてはならない。この「原因」を推測するための「知識」情報が必要である。

例えば、前進中に予想していない敵の激しい抵抗に遭遇し、作戦計画を修正する場合、指揮官は「敵を攻撃するか」、ないしは「敵を迂回するか」という新行動方針を決定しなくてはならない。この決定のため、前進を妨害する「原因」である敵の位置・勢力・装備等に関する情報が欲しい。

2　状況の理解

「計画と実際のギャップ」の予測

指揮官は、幕僚の作成した「知識」情報をもとに将来の「作戦進展基準」を予測する。どのようにして、将来の「作戦進展基準」を予測するのであろうか。まず、過去に起こった類似の状況やパターンを認識する。次に、類似性やパターンをもとに、最も予想される相手の可能行動を予測する。その上で、計画されたわが行動方針を継続した場合の作戦推移・様相をビジュアル化し、将来の「作戦進展基準」を予測する。

例えば、前進する部隊の前方には、少数の敵が警護する橋梁が存在するとしよう。この情報と指揮官自らの経験・学習から、敵の可能行動を予測する。「この橋梁は爆破される可能性が高い」と予測した場合、指揮官は爆破された橋梁とわが部隊の修復状況をイメージし、橋の修復に要する時間を見積る。そして、「作戦進展基準」である前進速度を予測する。

将来の「作戦進展基準」が予測できれば、予想される「計画と実際のギャップの程度」が明らかになる。例えば、計画では、ある地点に1時間で進出できると踏んでいたが、実際に1時間経って全行程の半分の地点に到達したにすぎない場合を考えてみよう。これまでの前進速度と事後の前進速度を考慮すると、目的地到着は3時間後、すなわち3時間のギャップが予測されることになる。

もし指揮官が計画の根拠となっている「作戦進展基準」と実際に予想される「作戦進展基準」のギャップは小さいと判断すれば、計画通りの作戦が行われる。つまり、当初の行動方針に変化はない。反対に、もし見過ごすことができないほど大きなものなら、行動方針は修正・変更される。

脅威（障害）の発生や好機の到来

予想される「作戦進展基準」が作戦計画のものと異なる「原因」として、想定していなかった脅威や障害が生じたり、乗じ得る好機が到来したりすることが挙げられる。想定外の脅威や障害は「作戦進展基準」を鈍らせるか、後退させる。許容できない脅威や障害なら、これに対処するよう計画を修正・変更し、イニシアチブを取り戻さなければならない。例えば、作戦計画では毎時20キロメートルの進撃を想定し、これまで順調に進んできたが、想定外の敵に遭遇し、今後は2キロメートル程度になると予測されるなら、これまでの作戦計画を堅持するわけにはいかないだろう。

反対に、想定していなかった好機が「計画と実際のギャップ」を生むことも多い。いわゆる「嬉しい誤算」である。この場合にも、計画を修正・変更することになる。例えば、敵の激しい抵抗を想定して部隊を展開、毎時1キロメートルで前進してきたが、敵がいないという報告を受けたなら、当初の行動方針を修正・変更して車両部隊で突進する。

要するに、「状況の理解」の目的は二つある。一つは、「状況の把握（観察）」によって入手した「知識」情報から、将来、生じる「計画と実際のギャップ」の程度を予測し、計画の修正・変更の要否を判断することである。もう一つは、そのギャップをもたらす新たな脅威（障害）や好機を予測することである。

この二つの予測・判断は、指揮官自ら行って意思決定の時間を短縮する。「分析的意思決定法」のように、幕僚も予測や判断をして、その結果を指揮官に報告する手順を踏まない。「直観的意思決定法」における幕僚の役割は、入手した情報資料のうちから指揮官の予測・判断に役立つ関連情報、すなわち「知識」情報を準備することに限定される。この「知識」情報を使って、指揮官自らが「理解」情報を創造する。そうすることによって、短時間の意思決定が可能になる。

3　行動方針の案出と分析

修正か、変更か

「作戦進展基準」に関する「計画と実際のギャップ」の程度を予測した結果、その程度は「わずかなものだ」と判断するなら、「計画策定」段階で考えた行動方針を実行ないしは継続することになる。一方、想定外の脅威や障害に直面し、ギャップが大々的に生じると判断したら、相手の利点を除去して主導権を奪回しなければならない。また、乗じ得る好機が到来すると予測したなら、リスクを賭けてもその好機を活用すべきである。このため、全般作戦計画を積極的に修正・変更して、新しい行動方針を考え出すことが重要である。

新しい行動方針は作戦計画を「修正」したものと、「変更」したものとに大別できる。計画の「修正」を意味する新行動方針とは、タスクを達成する別の行動方針を指す。4章「工業化時代の軍事意思決定法の問題点」で書いたように、タスクとは、任務分析の結果、明らかになった「達成すべき具体的事項」のことである。

計画の「変更」とは、計画の前提条件であったタスクを変更し、新しいタスクのもと、まったく別の行動方針を採用することをいう。この場合でも、上級指揮官の示した「作戦の目的」をはずしてはならない。

例えば、テロリストを支援する拠点地域Ａに潜伏する武装勢力を掃討する作戦計画が実施され、武装勢力が隣の拠点地域に大挙して逃げ込む場合を考えてみよう。「イラクの自由」作戦では、このような事例が頻繁に起こった。この場合、Ａ地域から離脱する兆候を察知したなら、武装勢力を追って隣の拠点地域まで掃討範囲を拡大できるであろうか。掃討範囲の拡大は、明らかに「タスク」の変更を意味する。

もし、上級指揮官の示した「作戦の目的」が「テロリスト支援」を排除することであるなら、作戦計画の「変更」は許される。一方、もし上級指揮官の「作戦の目的」が「Ａ地域のテロ支援組織」を破壊することであるなら、「変更」は認められない。

要するに、タスクは「全般作戦計画」策定の前提であったが、作戦実施のための意思決定では、修正・変更の対象となる。特に、「直観的意思決定法」では、指揮官のイニシアチブが重視されるからタスクの変更は軽易に行われる。

修正ないしは変更を判断したら、引き続き「どのような行動方針を新たに採用するか」を模索しなくてはならない。このため、新行動方針を考え出し、ウォー・ゲームでその利点・欠点とその程度を明らかにする。

頭脳ウォー・ゲームと略式ウォー・ゲーム

「直面する新しい脅威（障害）に対処すべきだ」ないしは「好機に乗じるべきだ」と判断したなら、指揮官自らが「わが行動方針」を考え出し、自らの脳裏でウォー・ゲームを行う。これを「頭脳ウォー・ゲーム」という。その要領は次の通りである。

まず、最も予想される相手の可能行動をもとに、最初に頭に浮かんだ実行可能な行動方針を一つだけ挙げる。「分析的意思決定法」のように、多数の行動方針を案出し、その中から主要なものを複数列挙する方法は採らない。指揮官は、「最良の行動方針」は考え出せないかもしれないが、その経験と学習から、検討に値しない行動方針と無難な行動方針は直観的に考え出せる。

次いで、相手の可能行動とわが方の行動方針を対抗させて作戦の推移・様相をビジュアル化する。「作戦のビジュアル化」にあたっては、類似性やパターンをもとに「どのような兆候で、わが方は行動を開始するか」「どのような作戦推移になるか」「どんな目標が達成可能か」、「どのような問題が生じるか」をイメージする。ビジュアル化の結果に満足できないなら、第二の「妥当な行動方針」を考え出し、再びビジュアル化する。

やむをえない場合は、二ないしは三つの無難な行動方針を案出し、地図上で少人数の幕僚と共に略式のウォー・ゲームを行う。「略式ウォー・ゲーム」は、参加する幕僚の数が限定されるほか、取り上げる相手の可能行動、評価の尺度、重要イベントが厳選される。米軍マニュアルでは、「少数の可能行動」、「4つないし5つの評価尺度」、「最も重要なイベント（例えば、敵の射撃開始時や反撃）」を標準とすべきであると記されている。

いずれにせよ、指揮官が新しい行動方針を考え出し、指揮官が行動方針を評価して具体的処置事項を明らかにする。「分析的意思決定法」では、この役割は、主として幕僚がはたしていたが、「直観的意思決定法」においては、指揮官主導である。

リスクの評価の重要性

「分析的意思決定法」では、各行動方針の「利点・欠点とその程度」を明らかにする尺度として、作戦の原理・原則を活用した。なかでも、「総合戦闘力の集中発揮」が重要な尺度であった。しかし、ボイドの理論を具現化する意思決定法では、「リスクの程度」「奇襲の可能性」「柔軟性の保持」が分析の尺度として重視される。なかでも、リスクの評価は避けて通れない。指揮官はリスクの評価を慎重に行い、「許容できないリスク」を伴う行動方針なら、これを除外しなければならない。

ボイドの意思決定論は、戦争だけでなく、「戦争以外の軍事行動（MOOTW）」にも適用されることを狙ったものである。MOOTWでは、「行動方針の案出と分析」段階でのリスク評価は極めて重要だ。いかなる犠牲もいとわない行動方針など、対テロ作戦や麻薬取引阻止作戦といったMOOTWには存在しない。リスクが大きすぎるなら、別の行動方針を模索するか、タスクを変更すべきである。

加えて、「直観的意思決定法」は、行動方針を一つに断定することから、リスクが一層増大する。リスクを軽視した場合、相手に奇襲されるかもしれない。この意思決定法では、通常、「相手が採用する公算の最も高い行動」に適応できる行動方針が最初に浮かんで、「妥当な行動方針」と見なされる。「相手が採用する公算は低いが、わが方にとって苦痛となる可能行動」、すなわち奇襲されるような可能行動に対応できる行動方針はめったに閃かない。奇襲対処の観点から適切な行動方針は往々にして無視されるから、リスクの程度が評価尺度として真っ先にあがってくるのだ。

リスク評価のやり方

リスク評価のやり方は、リスクを特定することから始まる。次いで「リスクの程度」を評価し、「リスクの程度」を抑える方策を考え出し、最後に「許容できるリスク」を決定する。

リスクとは、「懸念する事態」のことである。つまり、人的・物的損害を被ったり、目的達成を困難にしたりする恐れがある事態のことをいう。それを特定するには、敵対勢力や地形・気象等に関する情報のほか、指揮官・幕僚の経験、過去における部隊の偶発事故の事例、決められた安全基準等が役立つ。

「リスクの程度」は、リスクの発生頻度と影響度の両面から検討したものである。発生頻度と影響度の観点から無視できないリスクを特に「リスク事態」という。リスクを「リスク事態」として捉えるか、単なる「懸念する事態」として無視するかを選別することが「リスクの程度」の評価である。リスクがたびたび起こると予想され、しかも、もし起こったなら、壊滅的な人的・物的損害を被るか、与えられた任務の達成に重大な支障をきたす恐れがあるなら、重大な「リスク事態」であり、何らかの処置策が必要である。反対に、ほとんど起こりそうになく、仮に起こったとしても、たいした損害をもたらすとは思われないリスクは「リスク事態」ではないから、無視して差しつかえない。

リスク事態には「戦術的なリスク事態」と「偶発的なリスク事態」の2種類がある。「戦術的なリスク事態」は、敵対勢力の存在や行動によって起こるリスクが予想され、その発生頻度と影響度が無視できない事態をいう。2003年のイラク戦争において、バクダッド攻撃の任務を付与された米陸軍第3機械化歩兵師団長は、2週間で500キロメートル突進する作戦を計画した。この作戦を実施すれば、機械化歩兵師団の補給線は長く伸びきってしまい、これを防護する兵力が足りないことを想定していた。つまり、師団長は「戦術的なリスク事態」と見なしていた。

もう一つのリスク事態は、「偶発的なリスク事態」で、敵の存在や行動と無関係に起こる「懸念される事態」で、その発生頻度と影響度から無視できない事態である。作戦では、訓練不足、悪天候、兵器の誤作動、誤爆、味方同士の撃ち合い等によって、損傷する事態や任務達成を困難にする事態が考えられる。このうち、その発生頻度と影響度が無視できない事態が「偶発的なリスク事態」である。

戦術的・偶発的リスク事態を特定し、その程度を予測したら、次にこのリスク事態を回避またはその程度を最小限に抑える方策を考え出し、最後に「許容できるリスク事態」とその程度を決定する。

米陸軍第3機械化歩兵師団のバクダッド突進作戦の場合、伸びきった補給線が実際に攻撃され、損害が出始めると、マスコミや一部の米国国民から「突進を中止せよ」という声があがった。これに対して、師団長は上級部隊指揮官である第3軍団長の処置策で十分であると判断し、機械化歩兵師団を引き続き突進させた。つまり、「許容できるリスク事態」であると判断したのである。

4　決定と行動

決定

「作戦実施型の意思決定法」では、「決定」段階において次の2種類の決断が下される。一つは、「計画策定」段階で考えられた行動方針をそのまま続行する決断である。もう一つは、計画を修正・変更し、新行動方針を採用する決断である。いずれの決断をとるかは、前述したように「計画と実際のギャップ」の程度による。この際、指揮官は計画を修正・変更することに躊躇してはならない。状況が大きく変化したにもかかわらず、既存の計画に固執したなら、好機を捉えることができないだけでなく、大きな損害を出す恐れがある。

予測される「計画と実際のギャップ」が小さければ、指揮官は自分の脳裏で「決心変更なし」の「決定」を下す。計画を堅持する場合の意思決定手順は「状況の理解」から、「行動方針の案出と分析」段階を飛び越えて、「決定」段階に移行する。つまり、「対処すべき脅威も、乗じ得る好機も生まれない」という前提で、作戦は展開される。この場合、新たな命令を発する必要はない。したがって、幕僚は、指揮官が「いつ、決断を下したのか」気付かないかもしれない。

反対に、予測される「計画と実際のギャップ」が大きい場合、計画は修正・変更され、「新行動方針の案出と分析」が必要とされる。「頭脳ウォー・ゲーム」「リスクの評価」によって導き出された新行動方針と、それを実施する上での具体的処置事項を、指揮官は決定し、幕僚に明示する。これを受けて、幕僚は、部隊が統合一体化された行動をとれるように上下級部隊や隣接・支援部隊と必要な調整を行い、命令を作成する。この際、指揮官は命令の作成完了時刻を示すことが特に重要である。そうすることによって、幕僚の間に、「時間次元の戦い」の意識を抱かせることができる。

行動

幕僚が命令を作成したら、指揮官はその命令を部下に伝達し、実行させる。命令の作成・下達は軽快・機敏でなければならない。このため、特定の部隊ごとに、機を失せず必要な事項のみを示す「各別命令」を与え、事後できるだけ速やかに「同一命令」を下達する。「同一命令」は全般の状況を知らせるとともに、部隊相互の協力を容易にするためである。

しかしながら、幕僚が命令を作成するには、多くの時間が食われる。したがって、部下は、命令を待つことなく、自らの「状況判断（「状況の理解」と「行動方針の案出と分析」）」を推し進め、実施準備に取り掛からなければならない。このため、部下は、指揮官と「状況の理解」を共有するとともに、その「行動方針の案出と分析」を「阿吽の呼吸」で明察する必要がある。

部下部隊が行動を開始したら、指揮官はその実行を助言・指導・評価するとともに、その実行の結果について監視・観察し、新しく展開する状況を把握する。特に新状況の把握は、次の意思決定のために極めて重要である。

新状況の把握の核心は、新たな脅威（障害）や好機の発見につながる情報を入手することである。このため、指揮官は実行中の行動方針の修正・変更の機会を虎視眈々と狙い、幕僚はそのことを以心伝心で承知していなくてはならない。

実際、「計画策定」のために使用した情報には不確実なものが多く、「実行」段階では次々と想定外の脅威や好機が現れる。

要するに、作戦の「実行」段階を重視したループ型の意思決定法は、多くの点で「全般作戦計画型の意思決定法」と異なる。後者は、集中の原則が重視されることから科学的・論理的でなければならない。また、任務、わが部隊の能力、作戦計画の堅持も強調される。

他方、前者の「作戦実施型の意思決定法」では、奇襲を達成するため「時間次元の優越」が重視されることから、直観力、敵情、リスク、暗黙の意思伝達、積極的な計画の修正・変更が強調される。したがって、意思決定者は「分析的意思決定法」と「直観的意思決定法」の利点と欠点をよく理解し、状況に応じて使い分けるべきである。

おわりに

ビジネス界では、情報化社会の企業文化（Corporate Culture）がいろいろ提唱され、好評を博している。企業文化とは、個々の従業員がある事態に直面したとき、その判断の拠り所となる、企業内の「非公式な行動規範（価値観）」をいう。

軍隊にも、独特の文化が存在する。軍隊は、敵情よりもむしろ、付与された目標・作戦地域の地形・自らの能力に焦点を置いて、綿密周到な計画を策定する。つまり、「状況は、急激には変化しない」という前提のもとに、万全を期す計画が優れた計画と見なされる。

加えて、一度、計画が策定されると、状況の変化に左右されることなく、その計画をできるだけ堅持しようとする。したがって、状況が大きく変化しても、指揮官は達成目標や達成要領を変更することを躊躇する。要するに、軍隊は伝統的に朝令暮改を極度に嫌う集団である。

綿密周到・頑迷固陋の軍隊文化は、これまで批判されたことはほとんどなかった。しかし、情報化社会に入った今、軍隊はこの文化の見直しを迫られている。

情報化時代の作戦環境は変化が急激で、しかも不確実である。このことを考えると、大部隊といえども、変化の兆候を迅速に捉え、変化を小刻みに予測し、変化に対し機敏に適応することが求められている。簡単にいえば、迅速反応・融通無碍な軍隊文化を創造しなければならない。

企業は、経営者と従業員の双方が企業文化を共有することによって大きな成果を得ることができる。したがって、企業は、経営ビジョンや経営方針を明示したり、社内規定を定めたりして企業文化の浸透に努めている。

軍隊では、軍隊文化を植え込むために、それをドクトリンに仕立てる。綿密周到・頑迷固陋の軍隊文化をドクトリン化したものが「直線型の分析的意思決定法」である。ある事態に直面した将兵が自ら考え、決断するにあたって、拠り所となる「公式の原則」として、軍隊はこの意思決定法を墨守してきた。

しかし、工業化社会から情報化社会に移行した現在、このドクトリンは見直されるべきである。そして、軍隊は迅速反応・融通無碍な文化をドクトリン化した「ループ型の直観的意思決定法」の導入を考えなくてはならない。

このことは、革新的な「ループ型の直観的意思決定法」が伝統的意思決定法よりも常に優れているというのではない。いずれの方法も利点・欠点がある。問題は、これまで「直線型の分析的意思決定法」を唯一の意思決定法と考え、将校を教育・訓練し、あらゆる軍事業務にあてはめようとしてきたことにある。

これからの軍事意思決定者は、両方の意思決定法の利点・欠点を理解し、作戦環境に合った方法を採用すべきである。「直線型の分析的意思決定法」は、例えば、次のような軍事業務では優れた意思決定法と断言できる。①作戦開始前に策定する作戦計画や不測事態対処計画のように、計画策定に時間的余裕があるため綿密周到な準備が可能な場合、②装備の調達業務のように、正確かつ確実な情報が入手できるため候補案を比較して選択できる場合、③動員計画や兵站計画のように、データを数値で表示できるためコンピュータ化が可能な場合、④連合作戦のように、参加各国の意見の一致がなによりも重要であるため自らの意思決定の正当性を説明することが必要な場合、そして⑤初級将校が作戦計画を策定するときのように、知識や経験が足りないために起こる「根拠のない直観」による意思決定を回避する場合等である。

一方、次のような場合には「ループ型の直観的意思決定法」が推奨されよう。すなわち、①対テロ作戦のように、時間的余裕がなく、しかも状況が曖昧か、ないしは変化しやすい軍事行動の場合、②奇襲による勝利を狙うときのように、相手の「マインド」に衝撃的影響を与えようとする場合、③特殊部隊の実施する独立作戦のように、過程よりも結果が重視される場合、④小部隊のように、幕僚の支援が期待できないが、指揮官の知識と経験が卓越している場合等である。

このように考えてくると、意思決定の第一歩は、状況にあった意思決定法を選択することから始まる。これまでのように、ある一つの意思決定法のみを強調するドクトリンは、軍事行動に要求される柔軟性を欠くことになる。

ビジネス意思決定においても、同様のことがいえよう。これまで論ぜられてきた経営戦略論やリーダーシップ論は、そのほとんどが「直線型の分析的意思決定法」をもとにしている。たしかに、この意思決定法は多くの利点を有している。中・長期の経営戦略を構築する場合、ライフサイクルの長い商品を扱う場合、あるいは会社の規模が大きい場合等には、時間をかけて、あらゆる可能性を考え、その中から最良の方策を選定する方法をとるべきであろう。したがって、「直線型の分析的意思決定法」を反古にすることは賢明でない。

しかし、情報化社会では、「ループ型の直観的意思決定法」の利点にも着目しなければならない。①イノベーションを指向する企業のように、顧客に焦点を当て、企業側がそのニーズに即応して変化しなければならない場合、②流通業のように、商品のライフサイクルがどんどん短くなっていく場合、③小売業のように、顧客の心理に大きく左右される場合、④創業して間もない企業や比較的規模の小さい企業のように、経営トップのカリスマ性と強烈なリーダーシップを必要とする場合等には、「ループ型の直観的意思決定法」が有利に違いない。

セブン-イレブン・伊藤忠商事・トヨタといった「日本の優秀企業」の経営トップは、情報化時代における企業文化として「顧客第一主義」「仮説・検証型ビジネス」「暗黙知の活用」「ジャスト・イン・タイムの原則」等々を説いている。このことは、ボイド空軍大佐が編み出した「OODAループ意思決定論」が日本のビジネス界で開花する日が近いことを物語っている。

【主要参考図書】

唐津 一著『ビジネス難問の解き方』PHP新書 2002年

中谷 巌著『中谷 巌の「プロになるならこれをやれ!」』日本経済新聞社 2003年

小倉正男著『トヨタとイトーヨーカ堂』東洋経済新報社 2003年

新原浩朗著『日本の優秀企業研究』日本経済新聞社 2003年

野中郁次郎・勝見 明著『イノベーションの本質』日経BP社 2004年

安部哲也著『カルロス・ゴーン流リーダーシップ・コーチングのスキル』あさ出版 2004年

緒方知行編著『鈴木敏文 考える原則』日経ビジネス人文庫 2005年

ボストン コンサルティング グループ著/堀紘一監修『タイムベース競争——90年代の必勝戦略』プレジデント社 1990年

今井繁之著『難問を解決する意思決定の思考法』日本実業出版社 1997年

今村栄三郎著『図解 意思決定の技術』東洋経済新報社 2000年

田坂広志著『意思決定12の心得』PHP文庫 2003年

中島 一著『意思決定を間違わない人の習慣術』河出書房新社 2003年

斎藤広達著『最強の意思決定——MBAの「決める」技術』PHP研究所 2003年

水越 豊著『BCG戦略コンセプト——競争優位の原理』ダイヤモンド社 2003年

青島矢一・加藤俊彦著『競争戦略論』東洋経済新報社 2003年

クイン・スピッツァ/ロン・エバンス著/小林 薫訳『問題解決と意思決定——ケプナー・トリゴーの思考技術』ダイヤモンド社 1998年

ジョン・S・ハモンド/ラルフ・L・キーニー/ハワード・ライファ著/小林龍司訳『意思決定アプローチ——分析と決断』ダイヤモンド社 1999年

J・エドワード・ルッソ/ポール・J・H・ショーメーカー著/齋藤英孝訳『勝てる意思決定の技術』ダイヤモンド社 2003年

早田 均著『戦術思考概論——グリッド思考による意志の構築』1995年

陸戦学会編集理事会編『戦術との出会い——戦術の初学(上・中・下巻)』陸戦学会 1998年

松村 劭『勝つための状況判断学——軍隊に学ぶ戦略ノート』PHP新書 2003年

William S.Lind, Maneuver Warfare Handbook,Westview Press 1985

Grant T.Hammond, The Mind of War: John Boyd and American Security,Smithsonian Books 2001

Robert Coram, Boyd: The Fighter Pilot Who Changed the Art of War,Little,Brown and Company 2002

Anthony H.Cordesman, The Iraq War: Strategy,Tactics,and Military Lessons,Praeger Publishers 2003

Chet Richards, Certain to Win: The Strategy of John Boyd,Applied to Business,Xlibris Corporation 2004

著者略歴

中村好寿（なかむら・よしひさ）

1943年（昭和18年）、広島県三次市に生まれる。防衛大学校、スタンフォード大学大学院で学ぶ。防衛大学校助教授、米海軍大学院客員講師、米国防大学客員研究員、陸上自衛隊東北方面総監部幕僚、陸上自衛隊幹部学校戦略教官、ジョージア工科大学客員教授、防衛研究所主任研究員を経て退官。現在、軍事アナリスト。

著書に『軍事革命（RMA）——“情報”が戦争を変える』（中央公論新社）、訳書に『フラー 制限戦争指導論』（J・F・C・フラー著）などがある。

※本書は、東洋経済新報社から発行された『ビジネスに活かす！　最新・米軍式意思決定の技術』を再編集・改題した内容になります。

自衛隊幹部学校戦略教官が教える
〈米軍式〉最強の意思決定

2018年11月20日　初刷発行
2020年8月24日　四刷発行

著者　中村好寿

表紙デザイン　BLUE GRAPH Inc.

発行者　松本善裕
発行所　株式会社パンダ・パブリッシング
〒111-0053　東京都台東区浅草橋5-8-11　大富ビル2F
https://panda-publishing.co.jp/
電話 03-6869-1318
info@panda-publishing.co.jp

印刷・製本　株式会社ちょこっと

※本書は、アンテナハウス株式会社が提供するクラウド型汎用書籍編集・制作サービスCAS - UBにて制作しております。